KB200727

그가 어떤 사람은 사도로, 어떤 사람은 선지자로,

어떤 사람은 복음 전하는 자로,

어떤 사람은 목사와 교사로 삼으셨으니

이는 성도를 온전하게 하여 봉사의 일을 하게 하며

그리스도의 몸을 세우려 하심이라

우리가 다 하나님의 아들을 믿는 것과 아는 일에

하나가 되어 온전한 사람을 이루어

그리스도의 장성한 분량이 충만한 데까지 이르리니

이는 우리가 이제부터 어린아이가 되지 아니하여

사람의 속임수와 간사한 유혹에 빠져

온갖 교훈의 풍조에 밀려 요동하지 않게 하려 함이라

오직 사랑 안에서 참된 것을 하여

범사에 그에게까지 자랄지라

그는 머리니 곧 그리스도라

그에게서 온몸이 각 마디를 통하여 도움을 받음으로

연결되고 결합되어 각 지체의 분량대로 역사하여

그 몸을 자라게 하며 사랑 안에서 스스로 세우느니라.

에베소서 4장 11-16절

Until Unity

© 2021 Crazy Love Ministries

Originally published in English under the title: *Until Unity*
Published by David C. Cook, 4050 Lee Vance View, Colorado Springs, CO 80918 U.S.A.
All rights reserved.

This Korean edition © 2021 by Duranno Ministry with permission of David C. Cook.

예수로 하나 될 때까지

지은이 | 프랜시스 챈
옮긴이 | 정성묵
초판 발행 | 2021. 6. 16
3쇄 발행 | 2022. 8. 31
등록번호 | 제1988-000080호
등록된 곳 | 서울특별시 용산구 서빙고로65길 38
발행처 | 사단법인 두란노서원
영업부 | 2078-3333 FAX | 080-749-3705
출판부 | 2078-3332

책값은 뒤표지에 있습니다.
ISBN 978-89-531-4015-8 03230

독자의 의견을 기다립니다.
tpress@duranno.com   www.duranno.com

두란노서원은 바울 사도가 3차 전도 여행 때 에베소에서 성령 받은 제자들을 따로 세워 하나님의 말씀으로 양육
하던 장소입니다. 사도행전 19장 8-20절의 정신에 따라 첫째 목회자를 돕는 사역과 평신도를 훈련시키는 사역,
둘째 세계선교TM와 문서선교단행본·잡지 사역, 셋째 예수문화 및 경배와 찬양 사역, 그리고 가정·상담 사역 등을 감
당하고 있습니다. 1980년 12월 22일에 창립된 두란노서원은 주님 오실 때까지 이 사역들을 계속할 것입니다.

until
unity

우리에게 잊혀진 그분의 꿈,
연합을 다시 열망하다

예수로 하나 될 때까지

프랜시스 챈 지음

정성묵 옮김

두란노

교만하고 분열을 일으키는 나의 태도를
오랫동안 참고 용서해 준 이들,
여러 교단에서 섬기는
예수의 제자들에게 이 책을 바칩니다.

contents

○ **Part 2**

깊은 분열의 골마다
연합의 바람이 일다
* 성령이 묶어 주신 것을 지키는 싸움 *

어쩌다 우리는
하나 되려는 간절함을
잃었을까

솔직히 답해 보라. 오늘 아침에 예수님을 찬양하는 데 얼마나 시간을 투자했는가? 필요한 무언가를 구하는 기도 말고, 성경 구절을 그냥 읽는 것 말고, 예수님만 바라보며 그분의 놀라우심을 진심으로 고백하는 시간을 얼마나 가졌는가?

우리는 본래 하나님의 원수였다. 하나님의 진노를 당해 마땅한 자. 이 사실을 깊이 음미해 보라. 예수님은 하나님의 진노를 달래기 위해 십자가에서 그 모진 고통을 당하셨다. 이 사실에 속에서 무언가 울컥하는가?

예수님 덕분에 우리는 하나님과 다시 화목하게 되고 그분의 자녀로 입양되었다. 아침에 눈뜰 때마다 이 엄청난 현실이 떠올라 예수님을 찬양하는 것이 당연하지 않은가!

"하나님이 지금 당신 안에 사십니다."

이 말에 그저 고개를 끄덕이며 인정하는 정도로는 부족하다. 크게 놀라고 감격해야 마땅하리라.

이 책을 잠시 내려놓고 하나님께 예배(worship)부터 드리자. 지금 우리가 숨을 쉬는 것은 하나님이 숨을 주고 계시기 때문이다. 당신의 숨을 본래 목적에 맞게 사용하라. 하나님을 송축하라.

내 영혼아 여호와를 송축하라 내 속에 있는 것들아 다 그의

거룩한 이름을 송축하라(시 103:1).

찬양을 빼먹고 하루를 시작한다는 건 있을 수 없는 일이다. 우리는 자나 깨나 하나님 안에서 기뻐하라는 명령을 받았다. 오늘 우리가 해야 하는 일 가운데 예배보다 더 중요한 일은 없다. 내가 찬양으로 하루를 시작할 만큼 지혜롭지 못

하다면 누구도 내가 하는 말을 들을 필요가 없다. 내가 교회 안의 문제를 해결하는 데만 정신이 팔려 하나님을 찬양하는 시간을 건너뛸 만큼 어리석다면 교회 안의 문제가 문제가 아니라 내가 문제투성이다.

내가 볼 때는 찬양의 부재야말로 교회가 분열하는 가장 큰 이유다. 예배를 그만두면 연합을 이룰 희망 자체가 사라진다. 무엇이 우리를 하나로 묶어 주는가? 우리가 만날 때마다 예수님 안에서 가진 보화를 이야기하면 하나가 되지 않으려야 않을 수가 없다. 무릎을 꿇고서 온 마음을 다해 예수님을 찬양하고 송축하는 사람과는 말다툼을 벌일 일이 없다. 우리가 거룩하신 하나님 앞에서 함께 무릎을 꿇고 문제에 관해 토론한다면 대부분의 문제가 해결될 것이다. 우리의 적 사탄과 그 졸개들이 우리의 찬양을 방해하게 두지 말라. 하나님을 향한 예배야말로 연합으로 가는 길이다.

앞서 말한 진리들을 설명해 주는 다음 성경 구절들을 찾아서 읽어 보라. 이왕이면 지금 바로 찾아서 읽으라. 로마서 5장 10-11절, 에베소서 2장 3-6절, 로마서 3장 23-25절, 요한일서 3장 1절, 고린도후서 5장 21절, 요한복음 14장 21-23절.

예배로 마음을 가득 채우고 또 채우라. 당신과 나는 지고

한 사랑 이야기의 한 부분이다. 사랑을 잃어버리면 열매 맺을 능력을 잃어버린다. 사랑이 빠진 말은 유익보다 해를 끼치기 마련이다. 감사하는 마음으로 이 주제를 다뤄 보자.

깨어진 그분의 가족

세상에 존재하는 수많은 종교 가운데서도 기독교는 단연 가장 극심하게 분열했다. 우열을 가리기 힘들게 바싹 추격하는 2등은 없다. 과장이라고? 두세 파벌 이상으로 갈라진 다른 종교를 한번 꼽아 보라. 오늘날 기독교는 수많은 교단으로 갈가리 찢어져서 저마다 자기들의 신학이나 방법론이 우월하다고 외치고 있다.

가장 가슴 아픈 것은 우리 주님은 우리의 분열을 끝내시려 십자가에서 돌아가셨다는 사실이다. 주님은 우리에게 하나가 되라고 명하시며, 우리가 그렇게 될 때에야 비로소 세상에 영향을 미칠 수 있다고 말씀하신다.

각자 자기 집단의 울타리 안에 모여 앉아 결국 같은 형제자매인 다른 집단들이 틀렸다고 수군거리며 손가락질하는 행위를 그만두어야 한다. 이제 다른 길을 걸어야 할 때다. 서로가 깊은 겸손에 이르기 위한 경쟁을 벌인다면 어떨까? 각자 자기 집단의 울타리 안에 모일 때마다 진리의 하나님께 자신의 교만이나 기만을 밝혀 달라고 눈물로 기도한다면 얼마나 좋을까?

같은 신자들을 비판하는 것이 우리의 주된 의무라는 착각에서 어서 벗어나야 한다. 우리의 의무는 그들을 사랑하는 것이다. 바울은 우리가 서로에게 사랑의 빚을 졌다고 말한다(롬 13:8). 하지만 우리는 사랑하기보다 지식을 배우는 데 훨씬 더 많은 시간을 쏟아붓는 듯하다. 우리가 정보를 얻는 데 쓰는 시간과 서로에게 주는 사랑을 키워 달라고 하나님께 기도하는 시간을 비교해 보자.

우리는 분열을 마치 국가 부채 문제처럼 대해 왔다. 상황은 시시각각 더 악화되고 있지만 우리는 아무렇지도 않은 듯 평소와 똑같이 일상을 살아간다. 문제를 빨리 해결해야 한다는 절박감은 전혀 찾아볼 수 없다.

자신에 관해서만 생각하는 것이 문제의 뿌리다. 우리는 우리의 분열이 하나님과 믿지 않는 세상에 어떤 영향을 미치는지 전혀 생각하지 않고 있다. 연합에 아무 관심이 없는 우리의 태도는 다음과 같은 세 가지 이유로 매우 위험하다.

* 이런 태도를 하나님은 역겨워하신다.

* 이런 태도를 세상은 혼란스러워한다.
* 이런 태도는 성령이 우리 안에 계시지 않다는 증거일 수 있다.

말씀 앞에 떠는가

이 책의 주목표는 단순히 당신을 분열에서 건져 내는 것이 아니다. 그렇게 해 봐야 오래가지 못한다. 사랑 없는 말을 삼가는 지혜는 하나님을 경외하고 그분의 명령을 두려워하는 데서 시작돼야 한다. 이사야 66장에서 하나님은 다음과 같이 말씀하신다.

여호와께서 이와 같이 말씀하시되 하늘은 나의 보좌요 땅은
나의 발판이니 너희가 나를 위하여 무슨 집을 지으랴 내가
안식할 처소가 어디랴 나 여호와가 말하노라 내 손이 이 모든
것을 지었으므로 그들이 생겼느니라 무릇 마음이 가난하고
심령에 통회하며 내 말을 듣고 떠는 자 그 사람은 내가
돌보려니와(1-2절).

하나님은 그분의 말씀을 "듣고 떠는" 사람을 돌보신다.

이제 연합에 관한 성경 구절들을 살펴보고자 한다. 그전에 잠시, 이 성경 구절들이 우리가 경외해야 마땅한 하나님의 입에서 나온 신성한 명령이라는 사실을 깊이 생각하라. 많은 사람이 성적 타락에 관한 명령은 두려움으로 받아들여야 한다고 배웠을 것이다. 하지만 하나 되라는 명령 앞에서 떠는 사람은 별로 없다. 이면의 이슈를 들여다볼 신학적 전문성이 없는 사람들에게 연합은 가벼운 주제일 뿐이다. 진리에 별로 관심이 없는 사람들에게 연합은 이루면 좋고 이루지 않아도 괜찮은 것에 불과하다.

이런 생각을 버리고 거룩하신 하나님 앞에서 이 성경 말씀 하나하나에 떨기를 바란다. 성경을 진지하게 받아들일 때만 하나님이 우리의 하나 됨을 얼마나 원하시는지 진정 이해할 수 있다.

이 말씀들을 읽고 떤다면 이 책의 나머지 부분은 읽지 않아도 된다. 당신이 이 말씀들을 읽을 때 하나님이 은혜를 부어 주시기를 간절히 바란다. 모든 독자들에게서 "프롤로그를 건너뛰지 않기를 너무 잘했어. 꼭 필요한 내용이야"라는 말을 들었으면 좋겠다.

(잠 6:16-19)

여호와께서 미워하시는 것 곧 그의 마음에 싫어하시는 것이

예닐곱 가지이니 곧 교만한 눈과 거짓된 혀와

무죄한 자의 피를 흘리는 손과 악한 계교를 꾀하는 마음과

빨리 악으로 달려가는 발과 거짓을 말하는 망령된 증인과 및

형제 사이를 이간하는 자이니라.

(요 17:20-23)

내가 비옵는 것은 이 사람들만 위함이 아니요

또 그들의 말로 말미암아 나를 믿는 사람들도 위함이니

아버지여, 아버지께서 내 안에, 내가 아버지 안에 있는 것같이

그들도 다 하나가 되어 우리 안에 있게 하사

세상으로 아버지께서 나를 보내신 것을 믿게 하옵소서

내게 주신 영광을 내가 그들에게 주었사오니

이는 우리가 하나가 된 것같이

그들도 하나가 되게 하려 함이니이다

곧 내가 그들 안에 있고 아버지께서 내 안에 계시어

그들로 온전함을 이루어 하나가 되게 하려 함은

아버지께서 나를 보내신 것과 또 나를 사랑하심같이

그들도 사랑하신 것을 세상으로 알게 하려 함이로소이다.

(엡 4:1-6)

그러므로 주 안에서 갇힌 내가 너희를 권하노니

너희가 부르심을 받은 일에 합당하게 행하여

모든 겸손과 온유로 하고

오래 참음으로 사랑 가운데서 서로 용납하고

평안의 매는 줄로 성령이 하나 되게 하신 것을 힘써 지키라

몸이 하나요 성령도 한 분이시니

이와 같이 너희가 부르심의 한 소망 안에서 부르심을 받았느니라

주도 한 분이시요 믿음도 하나요 세례도 하나요

하나님도 한 분이시니 곧 만유의 아버지시라

만유 위에 계시고 만유를 통일하시고 만유 가운데 계시도다.

그러나 어리석은 변론과 족보 이야기와

분쟁과 율법에 대한 다툼은 피하라

이것은 무익한 것이요 헛된 것이니라

이단에 속한 사람을 한두 번 훈계한 후에 멀리하라

이러한 사람은 네가 아는 바와 같이

부패하여 스스로 정죄한 자로서 죄를 짓느니라.

누구든지 그리스도와 합하기 위하여 세례를 받은 자는

그리스도로 옷 입었느니라

너희는 유대인이나 헬라인이나 종이나 자유인이나

남자나 여자나 다 그리스도 예수 안에서 하나이니라.

(롬 14:4)

남의 하인을 비판하는 너는 누구냐

그가 서 있는 것이나 넘어지는 것이 자기 주인에게 있으매

그가 세움을 받으리니

이는 그를 세우시는 권능이 주께 있음이라.

(고전 1:10)

형제들아 내가 우리 주 예수 그리스도의 이름으로

너희를 권하노니 모두가 같은 말을 하고

너희 가운데 분쟁이 없이

같은 마음과 같은 뜻으로 온전히 합하라.

그러므로 그리스도 안에 무슨 권면이나 사랑의 무슨 위로나

성령의 무슨 교제나 긍휼이나 자비가 있거든

마음을 같이하여 같은 사랑을 가지고

뜻을 합하며 한마음을 품어.

(골 2:16-19)

그러므로 먹고 마시는 것과 절기나 초하루나 안식일을 이유로

누구든지 너희를 비판하지 못하게 하라

이것들은 장래 일의 그림자이나 몸은 그리스도의 것이니라

아무도 꾸며낸 겸손과 천사 숭배를 이유로

너희를 정죄하지 못하게 하라

그가 그 본 것에 의지하여 그 육신의 생각을 따라 헛되이 과장하고

머리를 붙들지 아니하는지라

온몸이 머리로 말미암아 마디와 힘줄로 공급함을 받고 연합하여

하나님이 자라게 하시므로 자라느니라.

하나님 우리 아버지와 우리 주 예수는

우리 길을 너희에게로 갈 수 있게 하시오며

또 주께서 우리가 너희를 사랑함과 같이

너희도 피차간과 모든 사람에 대한 사랑이 더욱 많아 넘치게 하사

너희 마음을 굳건하게 하시고

우리 주 예수께서 그의 모든 성도와 함께 강림하실 때에

하나님 우리 아버지 앞에서

거룩함에 흠이 없게 하시기를 원하노라.

(딤전 1:5-7)

이 교훈의 목적은 청결한 마음과 선한 양심과

거짓이 없는 믿음에서 나오는 사랑이거늘

사람들이 이에서 벗어나 헛된 말에 빠져 율법의 선생이 되려 하나

자기가 말하는 것이나 자기가 확증하는 것도 깨닫지 못하는도다.

누구든지 다른 교훈을 하며

바른 말 곧 우리 주 예수 그리스도의 말씀과

경건에 관한 교훈을 따르지 아니하면

그는 교만하여 아무것도 알지 못하고

변론과 언쟁을 좋아하는 자니

이로써 투기와 분쟁과 비방과 악한 생각이 나며

마음이 부패하여지고 진리를 잃어버려

경건을 이익의 방도로 생각하는 자들의

다툼이 일어나느니라.

(딤후 2:23-25)

어리석고 무식한 변론을 버리라

이에서 다툼이 나는 줄 앎이라

주의 종은 마땅히 다투지 아니하고

모든 사람에 대하여 온유하며 가르치기를 잘하며 참으며

거역하는 자를 온유함으로 훈계할지니

혹 하나님이 그들에게 회개함을 주사

진리를 알게 하실까 하며.

(약 3:17-18)

오직 위로부터 난 지혜는 첫째 성결하고 다음에 화평하고

관용하고 양순하며 긍휼과 선한 열매가 가득하고

편견과 거짓이 없나니

화평하게 하는 자들은 화평으로 심어

의의 열매를 거두느니라.

빛 가운데 있다 하면서 그 형제를 미워하는 자는

지금까지 어둠에 있는 자요

그의 형제를 사랑하는 자는 빛 가운데 거하여

자기 속에 거리낌이 없으나

그의 형제를 미워하는 자는 어둠에 있고

또 어둠에 행하며 갈 곳을 알지 못하나니

이는 그 어둠이 그의 눈을 멀게 하였음이라.

사랑은 여기 있으니 우리가 하나님을 사랑한 것이 아니요

하나님이 우리를 사랑하사 우리 죄를 속하기 위하여

화목 제물로 그 아들을 보내셨음이라

사랑하는 자들아 하나님이 이같이 우리를 사랑하셨은즉

우리도 서로 사랑하는 것이 마땅하도다

어느 때나 하나님을 본 사람이 없으되

만일 우리가 서로 사랑하면 하나님이 우리 안에 거하시고

그의 사랑이 우리 안에 온전히 이루어지느니라.

(마 5:9)

화평하게 하는 자는 복이 있나니

그들이 하나님의 아들이라 일컬음을 받을 것임이요.

이런 명령을 문자 그대로 받아들이는 일을 두려워할 것 없다. 내가 성(性)에 관한 성경의 진술을 문자 그대로 받아들인다고 하면 사람들은 나를 '성경적인' 시각을 고수하는 보수주의자라고 부른다. 그런데 또 내가 불일치를 지양하고 연합을 추구하라는 성경의 진술을 문자 그대로 받아들인다고 하면 나더러 타협을 일삼는 유약하고 비겁한 좌파라며 손가락질한다.

이는 잘못된 것이다. 물론 성경의 어떤 부분을 문자 그대로 받아들일지 잘 판단해야만 한다. 성경의 모든 구절을 문

자 그대로 받아들일 수는 없다. (말 그대로 전 재산을 팔아야 할까? 정말로 눈을 뽑아야 할까? 꼭 머리에 수건을 써야 할까?) 하지만 서로 말다툼하는 대신 서로 사랑하며 하나가 되라는 예수님의 명령은 문자 그대로 받아들여야 한다고 나는 굳게 믿는다.

세상 사람 눈에 비치는 교회 풍경

세상 사람들이 우리를 어떻게 보는지 생각해 본 적이 있는가? 교회가 수많은 교단으로 분열되어 경쟁하듯 광고를 내고 서로를 공개적으로 비방하는 모습을 불신자들은 어떻게 바라볼까? 사람들이 우리 가족에 합류하지 않으려는 데는 다 이유가 있다.

우리는 세상 사람들에게 하나님을 어떤 모습으로 보여 주고 있는가? 교회는 멸망으로 내달리는 사람들에게 하나님의 형상을 보여 주고 그리스도의 향기를 풍겨야 한다. 그런데 교회가 보여 주는 형상은 눈살을 찌푸리고 풍기는 냄새는 코를 막게 만드니 사람들이 우리에게 끌리지 않는 것도 무리는 아니다.

"세상이 너희를 미워하면 너희보다 먼저 나를 미워한 줄을 알라"(요 15:18) 같은 구절로 스스로를 속이려 하지 말라.

지금 세상이 우리를 미워하는 것은 우리가 예수님을 닮았기 때문이 아니라, 전혀 닮지 않았기 때문이다. 지금 우리는 심히 교만하다. 우리의 믿음과 행동은 심각할 정도로 서로 맞지 않다.

성경은 세상에 미치는 우리의 영향력이 우리가 얼마나 연합한 모습을 보여 주는지에 정비례한다고 가르친다. 우리는 서로를 대놓고 헐뜯기에 바쁠 뿐, 그런 우리 모습이 세상에 어떻게 보이는지에는 관심도 없다. 우리는 서로에게 담을 쌓는 것은 피할 수 없는 일이라고 생각하지만 바깥에서 지켜보는 사람들은 그렇게 생각하지 않는다.

이런 상황이 그다지 신경이 쓰이지 않는가? '수많은 사람'이 지옥으로 향하고 있음을 잊지 말라. 여기서 '수많은 사람'은 그저 이름 모를 누군가가 아니다. 그들은 바로 우리의 친구들이요 친척들이며 자녀들이고 이웃들이다. 그들은 그 잘난 기독교를 우리나 믿으라고 말한다. 그들은 예수님께 '구원받을' 필요를 전혀 느끼지 못하고 있다. 심지어 심판의 날도 믿지 않는다. 성경에 따르면, 이 안타까운 상황은 교회가 연합할 때 비로소 변할 것이다.

오직 너희는 그리스도의 복음에 합당하게 생활하라 이는

성경은 세상에 미치는

우리의 영향력이

우리가 얼마나 연합한 모습을

보여 주는지에

정비례한다고 가르친다.

내가 너희에게 가 보나 떠나 있으나 너희가 한마음으로 서서 한뜻으로 복음의 신앙을 위하여 협력하는 것과 무슨 일에든지 대적하는 자들 때문에 두려워하지 아니하는 이 일을 듣고자 함이라 이것이 그들에게는 멸망의 증거요 너희에게는 구원의 증거니 이는 하나님께로부터 난 것이라(빌 1:27-28).

사랑하는 사람들에게 복음을 전하는 것은 좋은 일이다. 하지만 먼저 우리가 하나 된 모습을 보여야 그들이 우리가 하는 말을 믿을 것이다. 우리 대부분은 사랑하는 사람들이 예수님을 믿을 수만 있다면 무슨 일이라도 할 것처럼 말한다. 그렇다면 하나 됨을 위해 온 힘을 다할 수 있겠는가? 당신은 교회의 하나 됨을 위해 얼마나 많은 굴욕과 회개, 고난을 감수할 수 있겠는가?

성령께 연결되어 있지 않을 때

혹시 연합하라는 하나님의 명령에 관심이 없고, 또 세상 사람들이 그것을 어떻게 보든 전혀 신경이 쓰이지 않는가? 그렇다면 그것 자체가 진짜 문제가 아니다. 이면에 더 큰 문제가 숨어 있다.

바로, 성령이 당신 안에 계시지 않을 수도 있다. 당신은 실제로 구원받지 못했을 수도 있다.

충격인가? 뜻밖인가? 하지만 이것은 전혀 새로운 이야기가 아니다. 성경은 진정한 신자의 증거들을 명시했다. 성경은 성령이 거하시는 삶에서 자연스럽게 흘러나오는 열매가 무엇인지 분명히 밝히고 있다.

> 육체의 일은 분명하니 곧 음행과 더러운 것과 호색과 우상숭배와 주술과 원수 맺는 것과 분쟁과 시기와 분냄과 당 짓는 것과 분열함과 이단과 투기와 술 취함과 방탕함과 또 그와 같은 것들이라 전에 너희에게 경계한 것같이 경계하노니 이런 일을 하는 자들은 하나님의 나라를 유업으로 받지 못할 것이요 오직 성령의 열매는 사랑과 희락과 화평과 오래 참음과 자비와 양선과 충성과 온유와 절제니 이 같은 것을 금지할 법이 없느니라(갈 5:19-23).

육체의 일들을 나열한 목록을 유심히 보기를 바란다. 대충 읽고 나서 자신과는 상관없는 일이라고 성급하게 결론을 내리기 십상이기 때문이다. "나는 성적 타락이나 술독에 빠져 있지 않고 주술 따위에 관심조차 없으니 괜찮다." 이렇게 생각하기 쉽다.

"원수 맺는 것과 분쟁과 시기와 분냄과 당 짓는 것과 분열함과 이단과 투기"도 목록에 올라와 있다는 사실과 "이런 일을 하는 자들은 하나님의 나라를 유업으로 받지 못할 것이요"라고 경고하시는 말씀에 몸이 떨린 적이 있는가? 하나님은 이런 죄를 심각하게 받아들이신다. 그런데 어찌된 일인지 현대 교회는 이런 죄를 대수롭지 않게 받아들인다. 우리가 변하지 않으면 결국 무시무시한 대가를 치를 것이다.

이어지는 두 번째 목록을 보라. 아마 이 목록은 외운 사람이 많을 것이다.

> 오직 성령의 열매는 사랑과 희락과 화평과 오래 참음과 자비와
> 양선과 충성과 온유와 절제니 이 같은 것을 금지할 법이
> 없느니라(갈 5:22-23).

진리를 믿는다고 해서 반드시 진리를 가졌다고 말할 수 없다는 사실을 짚고 넘어가야겠다. "A. W. 토저는 '원문주의자'를 '자신이 성경의 사실성을 인정하기 때문에 자동으로 성경에서 말하는 것들을 가졌다고 생각하는 사람'으로 정의한다."[1] 성경의 진리를 '인정한 것'이 곧 그 진리를 '가진 것'인

양 구는 사람들이 너무나 많다. 신학교에서 메뉴 외우는 법을 배웠다고 해서 반드시 그 음식을 즐길 줄 아는 것은 아니다. 좋은 신학을 가진 성경학자들이 지옥에 넘쳐 날지 모른다는 생각을 하면 심히 두렵고 떨린다.

갈라디아서로 돌아가 보자. 바울은 성령 안에 뿌리를 내린 사람이 맺는 열매들을 설명한다. 이 열매 목록을 예전의 나처럼 취급하지 않기를 바란다. 예전의 나는 이 목록을 '내 약점을 찾아 보완하기 위한 점검 목록'으로 사용했다. 하지만 여기서 요지는 좋은 나무가 좋은 열매를 맺는다는 것이다. 성령을 새로운 주인으로 모시면 그분이 알아서 이런 열매를 맺어 주신다. 살면서 거두는 열매를 바꾸기 위해 더 노력하는 데 열중하지 말라. 뿌리를 다루어야 한다.

왜 우리 입에서 불친절하고 험악하고 사랑이 없는 말이 나오는가? 예수님은 우리 입이 아니라 마음이 문제라고 말씀하신다(마 12:34). 우리 마음에서 사랑, 희락, 화평, 오래 참음, 자비, 양선, 충성, 온유, 절제가 흘러나오지 않는 것은 우리가 그만큼 열심히 노력하지 않기 때문이 아니다. 성령께 연결되어 있지 않기 때문이다. 문제가 더 심각하다.

오늘날 교회의 상황은 절망적으로 보인다. 물론 하나가 되어 보겠다고 초교파 행사도 열고 공동 교리서도 발간하고 심지어 연합을 위한 기도회도 마련한다. 하지만 뿌리까지 들어가 근본 문제를 다루지 않으니 이 모든 방법이 무용지물이다. 우리는 신학이나 방식의 차이가 문제라고 생각해서 여러 성경 구절을 놓고 끝없이 입씨름을 벌인다. 상대편이 우리의 의견 쪽으로 돌아서야만 비로소 하나가 될 수 있다고 믿는다.

하지만 실상은 다르다. 교회의 분열은 훨씬 더 깊은 문제에서 비롯했다. 서로 상충하는 욕심(약 4장), "혼란과 모든 악한 일"을 낳는 질투심과 이기적 야망(약 3장), 그리고 궁극적으로는 미성숙한 믿음이 문제의 뿌리다. 신자임을 자처하지만 하나님과의 깊은 연결은 한 번도 경험해 본 적 없는 사람이 너무도 많다. 하나님의 사랑을 경험한 사람이 적으니 그 사랑을 나눌 수 있는 사람은 더더욱 적을 수밖에! 하나님과의 관계가 기계적이거나 아예 끊어져 있다면 다른 사람들과 사랑의 연합을 이루는 것은 그만큼 불가능하다. 사랑이 피상적이면 사소한 의견 차이 한 번으로도 서로 등을 돌리고 삿대질을 해 댈 수밖에 없다.

단순한 논리라고 코웃음을 칠 사람들이 많다는 것을 잘 안다. 하지만 정말로 오직 '사랑'이 답이다. 교회가 신학에서는 꽤 많은 발전을 이루었을지 몰라도 하나님과 서로를 향한 사랑에서는 이미 성장을 멈춘 지 오래다. 하지만 예수님은 하나님 사랑과 이웃 사랑이 말 그대로 가장 중요하다고 말씀하셨다(막 12:28-31). 하나가 될 희망이 분명 있지만, 이 단순한 답을 받아들이기 전까지는 분열이 계속될 것이다.

성령이 우리 몸에 들어오시면 기적이 일어나게 되어 있다. '서로를 향한 초자연적인 사랑'이라는 놀라운 열매를 맺게 되어 있다.

그런데 그런 일은 일어나지 않았다. 오히려 정반대 상황이 펼쳐졌다. 정말로 우리를 사랑으로 하나 되게 하시는 성령이 우리를 이끌고 계신다면, 우리가 점점 분열되어 간다는 것은 말이 되지 않는다. 따라서 성령이 우리 가운데 일부에게 애초에 들어오시지 않았거나 우리가 성령을 완벽히 억눌러 왔거나 둘 중 하나다. 우리가 성경 구절을 아무리 잘 알고 성경을 아무리 완벽하게 가르친다 해도 그것만으로 성령이 우리에게 정말 들어오셨다고 단정 지을 수 없다. 성령이 정말 우리에게 들어오셨는지 확인하려면 우리 삶에서 거두는 열매를 살펴봐야 한다.

삶을 솔직히 돌아보라. 생각만큼 자신이 겸손하지도 또 사랑이 많지도 않다는 사실을 발견할지 모른다. 우리가 사람들을 깊이 사랑하지 않는 것은 무엇보다 그리스도의 사랑을 깊이 경험한 적이 없기 때문이다. 내 안에 분열을 낳는 교만이나 헛된 바람이 있을지도 모른다. 문제는 남들에게 있는 것이 전혀 아닐는지 모른다. 내 안에 회개해야 할 교만이 가득할지도 모른다.

자, 이럴 때 당신은 자신을 낮춰 그럴 가능성을 인정할 수 있는가? 이것이 우리 인생에서 가장 중요한 깨달음이 될 수 있다. 겸손과 회개는 언제나 생명과 은혜로 이어진다. 내 교만을 회개하면 하나님과, 그리고 다른 사람들과 깊은 사랑의 관계를 맺을 수 있다. 거기에 따라오는 열매는 우리가 한 번도 맛보지 못한 온전한 삶이다.

> 너희는 하나님이 택하사 거룩하고 사랑받는 자처럼 긍휼과
> 자비와 겸손과 온유와 오래 참음을 옷 입고 누가 누구에게
> 불만이 있거든 서로 용납하여 피차 용서하되 주께서 너희를
> 용서하신 것같이 너희도 그리하고 이 모든 것 위에 사랑을
> 더하라 이는 온전하게 매는 띠니라 그리스도의 평강이 너희
> 마음을 주장하게 하라 너희는 평강을 위하여 한 몸으로

부르심을 받았나니(골 3:12-15).

성경 곳곳에서 사람들을 절체절명의 상황에 두시는 하나님을 발견할 수 있다. 바로 그때 하나님은 기적적인 역사로 권능을 드러내신다(예를 들어, 홍해를 가르고 죽은 나사로를 살리셨다). 분열의 골이 깊을 대로 깊어진 지금, 또다시 우리는 기적이 필요하다. 지금이야말로 하나님이 '우리의 하나 됨을 간구하신' 예수님의 기도를 이뤄 주실 완벽한 타이밍이 아닐까 싶다(요 17장).

분명 교회 안에는 분열을 부추기는 무리가 있지만, 나는 쓸데없는 드잡이와 편 가르기에 진저리가 난 신자들의 군대가 훨씬 더 크다고 믿는다. 그리스도처럼 무릎을 꿇고서 하나가 되게 해 달라고 눈물 뿌려 기도하는 큰 무리의 성도들이 있다. 어린아이와 같은 믿음으로 연합을 위해 그 어떤 대가도 기꺼이 치를 수 있는 사람들이 구름 떼 같다.

무엇보다도 우리와 하나가 되기를 원하셔서 역사상 가장 위대한 사랑의 몸짓을 보여 주신 하나님이 계시다. 그런 하나님이 그분의 백성들의 하나 됨을 위해 역사하시리라 믿지 못할 이유가 있는가.

until

unity

Part 1

예수로 하나 됨,
하면 좋지만
안 해도 그만인 옵션?

왜 교회는 하나 됨을 지켜야 하는가

chapter 1

온전한 연합,
'삼위일체 하나님'이
처음부터 바라시던 것

† 인간을 향한 위대한 창조 설계 †

우리의 형상을 따라 우리의 모양대로 우리가 사람을 만들고(창 1:26).

이 말씀을 읽을 때 무엇이 떠오르는가? 아니, 이 구절을 깊이 묵상해 본 적이 있는가? 나 역시 오래전부터 알고는 있었지만 진지하게 들여다본 적은 없었다. 하나님의 형상을 따라 창조되었다는 것이 얼마나 분에 넘치는 영광인지 딱히 생각해 본 적이 없었다. 어떻게 하면 내 죄와 약점을 바로잡을지에만 골몰했고, 정작 내가 하나님을 닮았다는 사실에 진정으로 놀라 본 적은 없었다.

대부분의 성경학자들은 "우리의"와 "우리가"라는 표현이 하나님이 삼위일체로서 말씀하신 것이라는 점에 동의한다. 창세기 1장 2절은 성령이 창조 현장에 계셨다고 말한다. 요한복음 1장 1-3절은 예수님이 만물 창조에 참여하셨다고 말한다.

어느 신성한 순간 하나님은 "우리의 형상을 따라 사람을 만들자"라고 말씀하셨다.

이 말씀을 붙잡고 말 그대로 몇 시간이고 묵상해 보기를 바란다. 아니, 아예 지금 책을 덮고 하나님께 깨우쳐 주시기를 구한 뒤 몇 분간이라도 집중해 묵상해 보라. 당신의 묵상이 끝날 때까지 기다리겠다. 지금, 계속해서 책을 읽는 것이 중요한 것이 아니다. 성령의 도우심으로 이 말씀을 깊이 묵상하고 나면 이 책의 나머지 부분이 훨씬 더 마음에 와닿을 것이다.

자신이 하나님의 형상을 따라 창조되었다고 잔뜩 흥분해서 말하는 사람을 본 적 있는가? 야고보는 주변 사람들에게 말을 조심해서 하라고 경고한다. 그들 모두가 하나님의 형상을 따라 지음받은 존재들이기 때문이다. "혀는 능히 길들일 사람이 없나니 쉬지 아니하는 악이요 죽이는 독이 가득한 것이라 이것으로 우리가 주 아버지를 찬송하고 또 이것으로 하나님의 형상대로 지음을 받은 사람을 저주하나니 한 입에서 찬송과 저주가 나오는도다 내 형제들아 이것이 마땅하지 아니하니라"(약 3:8-10).

우리는 하나님의 형상을 따라 창조되었다. 이 사실을 모르는 신자는 별로 없지만 대부분은 이 사실이 얼마나 신성한 것인지 이해하지 못한다. 그들은 육체적인 차원에서만 생각해, 하나님을 단순히 '인간이 좀 더 커지고 강력해진 형태' 정도로만 상상한다. 그리스인들이 바로 그들의 신들(gods)과 반신반인들(demigods)을 그렇게 생각했다. 하지만 과연 여기서 성경이 그런 것을 말하는 것인가?

하나님의 형상은 단순히 육체적인 생김새보다 훨씬 더 깊은 차원의 무엇이다. 예수님은 한 사마리아 여인에게 말씀하셨다. "하나님은 영이시니 예배하는 자가 영과 진리로 예배할지니라"(요 4:24). 영이신 하나님의 형상을 따라 창조되었다는 것은 무엇을 의미할까? 하나님의 형상을 따라 창조된 것은 육체적 차원도 포함할지 모르지만 눈으로 볼 수 없는 것들과 더 큰 관련이 있다.

'삼위일체 하나님' 형상을 따라 창조된

일단 당신이 삼위일체를 믿는다고 전제하겠다. '삼위로 존재하시되 한 분이신 하나님'의 형상을 따라 창조되었다는 것이 무슨 의미인지 고민해 본 적이 있는가? 우리 하나님은 영원토록 '온전한 관계' 속에 존재하신다. 이것이 그분의 형상을 따라 지음받은 우리에게 무엇을 의미하는가? 물론 지극히 신성한 것에 관해 우리가 함부로 추측해서는 곤란하다. 하지만 감사하게도 예수님은 요한복음 14-17장에서 적잖은 힌트를 주셨다. 하나님의 형상을 따라 지음받았다는 것은 우리가 하나님과 하나 될 수 있고, 또한 우리 서로가 하나 될 수 있도록 창조되었다는 뜻이다.

예수님은 빌립에게 예수님을 본 사람은 그분의 아버지를 본 것이라고 말씀하셨다(요 14:9). 참으로 혼란스러운 주장이다. 이 땅에 비교할 만한 대상이 없어서 모순처럼 보인다. 그뿐만 아니라 예수님은 제자들에게 또 다른 보혜사를 보내실 것이며 그 보혜사가 실제로 그들 "속에" 거할 것이라고 말씀하셨다(요 14:16-17). 우리는 더욱 혼란스러워졌다. 이 말씀은 우리 자신을 단순한 육체적 존재 이상으로 보게 만든다. 요한복음 14장 23절에서 예수님은 아버지와 함께 우리의 거처를 마련하실 것이라고 말씀하시며, 15장 4절에서는 우리가 하나님 안에 거하고 하나님이 우리 안에 거하신다고 말씀하신다. 17장 20-23절에서 예수님이 하신 기도를 보라.

> 내가 비옵는 것은 이 사람들만 위함이 아니요 또 그들의 말로 말미암아 나를 믿는 사람들도 위함이니 아버지여, 아버지께서 내 안에, 내가 아버지 안에 있는 것같이 그들도 다 하나가 되어 우리 안에 있게 하사 세상으로 아버지께서 나를 보내신 것을 믿게 하옵소서 내게 주신 영광을 내가 그들에게 주었사오니 이는 우리가 하나가 된 것같이 그들도 하나가 되게 하려 함이니이다 곧 내가 그들 안에 있고 아버지께서 내 안에 계시어 그들로 온전함을 이루어 하나가 되게 하려 함은 아버지께서

나를 보내신 것과 또 나를 사랑하심같이 그들도 사랑하신 것을 세상으로 알게 하려 함이로소이다.

매우 실질적인 의미에서 나는 지금 예수님 안에 있다. 성령이 내 안에 계시고 성부와 성자가 내 안을 거처로 삼으신다. 이해가 가는가? 하나님이 직접 하시지 않았다면 신성모독으로 볼 수밖에 없는 말씀이다. 더욱이 예수님은 성부와 성자, 성령이 누려 오신 온전한 연합에 모든 신자가 참여하기를 간구하신다. 우리는 하나님의 형상을 따라 창조되었기 때문에 이 연합에 참여할 수 있다.

이와 같은 신비를 묵상하는 시간을 우리는 더 많이 가져야 한다. 분명 하나님은 "가까이 가지 못할 빛에 거하시고 어떤 사람도 보지 못하였고 또 볼 수 없는 이"(딤전 6:16)시다. 그럼에도 하나님은 우리 안에 거하시고 우리는 하나님 안에 거한다. 우리는 "하나님의 모든 충만하신 것"으로 "충만"해질 수 있다(엡 3:19). 우리는 "신성한 성품에 참여"할 수 있다(벧후 1:4). 이 진술들은 스스로 하나님이 되고 싶은 인간의 욕심에서 비롯한 말이 아니다. 하나님이 우리를 직접 가리켜 하신 말씀이다. 조용한 가운데 무릎을 꿇고 이 말씀에 담긴 하나님의 뜻을 보게 해 달라고 기도하라.

우리는 이스라엘 백성이 경험한 것보다 훨씬 더 깊은 무언가로 초대받았다(출 19:16-20). 이스라엘 백성은 산 아래에서 모세가 하나님이 임하신 산 위로 올라가는 모습을 지켜보았다. 모세는 천둥 가운데 하나님의 응답을 받는 영광을 누렸다. 이 장면이 실로 놀랍기는 하지만 우리는 더 깊은 무언가로 초대를 받았다. 우리는 멀찍이 떨어져서 넋이 나간 표정으로 하나님을 바라보기만 하지 않는다. 하나님은 우리에게 그분 안으로 들어오고, 그분으로 충만하고, 그분과 함께하라고 말씀하신다. 우리는 이런 연합을 누리도록 창조되었다. 그리스도의 대속의 죽음을 믿으면 누구나 이렇게 될 수 있다(고후 5:17).

하나님의 바람은 우리와 온전하게 하나가 되는 것이다. 하지만 이 바람은 나 한 사람만을 위한 것이 아니다. 그리스도의 뜻은 모든 사람이 창조된 목적을 누리는 것이다. 즉 예수님이 구원하신 모든 사람이 성부와 성자와 성령의 온전한 연합을 누리는 것이다.

너희는 하나님이 우리 속에 거하게 하신 성령이 시기하기까지

사모한다 하신 말씀을 헛된 줄로 생각하느냐(약 4:5).

하나님이 우리를 이토록 간절히 원하신다는 사실을 믿기
위해서는 실로 큰 믿음이 필요하다. 하늘 아버지가 당신을
사모하시되 당신이 세상과 벗된 것을 "시기하기까지 사모"
하신다고 믿는가? 하나님은 아담과 하와가 그분과 동행하도
록 창조하셨는데 우리에 대해서는 그분과 동행할 뿐 아니라
아예 그분 '안에' 거하도록 해 주신다. 하나님은 우리와 이렇
게 깊은 관계를 맺기를 원하신다.

아이를 둔 부모라면 자녀를 향한 하나님의 감정을 만분
지일이나마 이해할 수 있다. 부모들은 아이가 언젠가 자신
들을 무시하고 제멋대로 살 자유를 얻을 줄 알면서도 정성을
다해 키운다. 또한 부모 안의 모든 것이 자녀와 연결된 상태
를 평생 유지하기를 갈망한다. 솔직히 그런 관계를 강요하
고 싶은 것이 부모 심정이다. 하지만 그렇게 하는 것은 사랑
이 아니라는 것을 우리는 잘 안다.

자녀가 독립을 원할 때 부모가 경험하는 상심은 물론 정

도의 차이는 크겠지만 하나님이 느끼시는 상심과 비슷하다. 자녀인 우리가 하나님이 없었으면 좋겠다고 생각할 때 그분의 기분이 어떠할지 상상해 보라. 자기 일에 바빠서 형식적으로 하나님께 얼굴만 비치다가 결국 그것마저 그만둔 신자들이 너무도 많다. 그들은 하나님을 무시하다 못해 그분이 실재하시지 않는다고 생각하기에 이르렀다. 로마서 1장은 그런 자들이 하나님의 존재를 알면서도 그 진리를 억누른다고 설명한다. 그들은 하나님에게서 자유로워지기를 그렇게까지나 간절히 원한다.

우리가 믿는 하나님은 그분과 자녀들이 하나 되고 또한 자녀들끼리 서로 하나 되기를 간절히 바라시는 분이다. 하나님은 자녀들을 그분의 보살핌 아래 하나로 모으기 위해 아들을 보내셨다. 세상에 자식들이 서로 등 돌리는 것을 바라는 아버지는 없다. 나도 일곱 자녀를 둔 아버지인데, 내 자식 가운데 한 명이라도 다른 형제들에게 따돌림을 당한다면 내 가슴이 찢어질 것이다. 그중 누구 하나라도 형제들 사이를 이간질해 분열시킨다면 크게 화가 날 것 같다.

하나님은 그분이 미워하시는 여러 가지(잠 6:16-19) 중에서도 "형제 사이를 이간하는 자"를 특히 경계하신다. 하나님은 이것이 "미워하시는 것 곧 그의 마음에 싫어하시는 것"이라고 밝히셨다. 하나님이 이 정도로 강력하게 말씀하실 정도라면 당장 하던 일을 멈추고 우리 삶을 돌아보아야 마땅하다. "혹시 내가 지금 하나님이 이토록 미워하시는 짓을 저지르고 있지는 않은가?" 이렇게 자신을 점검하지 않고 아무런 경각심 없이 이어지는 문단으로 넘어간다면 큰 문제가 있는 것이다.

나는 형제 사이를 이간하는 죄를 범했다. 더 큰 문제는 분열에 관한 성경 구절들을 연구하면서도 딱히 가책을 느끼지 못했다는 것이다. 측량할 수 없을 만큼 은혜를 베푸시는 구속의 하나님만이 나를 참아 주실 수 있다. 오직 하나님만이 연합에 관해 가르치기 위해 나 같은 자를 써 주신다. 나는 일부 그리스도인 집단들이 세상에서 사라져 버렸으면 좋겠다는 생각을 자주 했다. 그들이 사라지는 것이 오히려 하나님 나라에 더 유익하다고 말이다. 나는 보통 교만한 사람이 아니다. 전지하신 하나님도 아니면서 함부로 다른 사람을 판단하니 얼마나 교만한가.

나는 사람들을 멋대로 거짓 교사로 규정짓고서 신자들에게 그들을 멀리하라고 경고했다. 물론 거짓 교사들에 관해 경고해야 할 때도 있지만 자신부터 먼저 돌아봐야 할 때도 있다. 나는 섣불리 판단하다 뼈아픈 실수를 숱하게 저질렀다. 주류 신학의 무리에 휩쓸려 사람들을 공격했다. 지금은 그들도 하나님이 사랑하시는 자녀라는 사실을 알고서 뼈저리게 후회하고 있다.

그런데 잠언은 이것을 단순한 '실수'로 부르지 않는다. 이 모든 것은 하나님이 "미워하시는 것"이다.

물론 그들을 사람들 앞에서 공공연하게 비난해서 문제를 일으킬 정도로 멍청하지는 않았다. 하지만 마음속 생각은 어쩔 수 없이 드문드문 입 밖으로 새어 나왔다. 우리는 사랑 없는 마음을 감쪽같이 속일 수 있다고 생각하지만 그것은 착각이다. 그리고 내가 그들을 단지 다른 사람들이 보는 앞에서 비난하지 않았다고 해서 그것을 하나님이 덜 미워하시는 것도 아니다. 하나님은 내가 누군가와 단둘이만 있는 자리에서 그분의 자녀 한 사람을 욕한 것 하나하나를 모두 보시고 미워하신다.

그리고 과연 그 자리에 나와 누군가, 이렇게 단둘이만 있었을까? 그들의 '아버지'가 그 자리에 계신 것을 알았다면 내가 과연 그런 말을 할 수 있었을까? 상대방은 그런 비방을 듣고 또 다른 사람을 찾아가 비방을 하면서 분열은 걷잡을 수 없이 퍼져 나가기 마련이다. 너무도 거룩하지 못한 모습이다. 하나님은 이것을 미워하신다.

십자가에 대해 하나님을 찬양하라! 지금이야말로 긍휼을 베푸시는 하나님을 경배해야 할 시간이다. 내 혐오스러운 행동들은 모두 십자가에서 예수님의 어깨 위에 놓였다. 예수님은 분열을 일으키는 우리의 행동에 대한 값을 치르고 우리를 연합으로 이끄시려 십자가에 달리셨다.

우리를 하나로 묶기 위해
십자가를 지신 성자

하나 됨이야말로 십자가의 핵심인데도 하나 됨의 중요성을 보지 못하는 신자들이 얼마나 많은가. 예수님은 우리가 아버지와 하나 되고 또한 우리 서로가 하나 되게 하시려고 십자가에서 고난받고 돌아가셨다. 바울은 로마 교인들이 다른 신자들에게 미칠 영향을 고려하지 않고 논란이 있는 음식들을 먹는 것을 지적하면서 그것이 "그리스도께서 대신하여 죽으신 형제를 네 음식으로 망하게" 하는 것이라고 말했다(롬 14:15). 실로 강력한 표현이다.

바울은 같은 진리를 에베소서에서 자세히 설명한다.

이제는 전에 멀리 있던 너희가 그리스도 예수 안에서

예수님은 분열을 일으키는

우리의 행동에 대한 값을 치르고

우리를 연합으로 이끄시려

십자가에 달리셨다.

그리스도의 피로 가까워졌느니라 그는 우리의 화평이신지라 둘로 하나를 만드사 원수 된 것 곧 중간에 막힌 담을 자기 육체로 허시고 법조문으로 된 계명의 율법을 폐하셨으니 이는 이 둘로 자기 안에서 한 새 사람을 지어 화평하게 하시고 또 십자가로 이 둘을 한 몸으로 하나님과 화목하게 하려 하심이라 원수 된 것을 십자가로 소멸하시고 또 오셔서 먼 데 있는 너희에게 평안을 전하시고 가까운 데 있는 자들에게 평안을 전하셨으니 이는 그로 말미암아 우리 둘이 한 성령 안에서 아버지께 나아감을 얻게 하려 하심이라 그러므로 이제부터 너희는 외인도 아니요 나그네도 아니요 오직 성도들과 동일한 시민이요 하나님의 권속이라 너희는 사도들과 선지자들의 터 위에 세우심을 입은 자라 그리스도 예수께서 친히 모퉁잇돌이 되셨느니라 그의 안에서 건물마다 서로 연결하여 주 안에서 성전이 되어 가고 너희도 성령 안에서 하나님이 거하실 처소가 되기 위하여 그리스도 예수 안에서 함께 지어져 가느니라(엡 2:13-22).

하늘의 모든 성도가 경외감에 젖은 눈으로 예수님을 바라본다. 예수님을 처음 믿은 지 수천 년이 지났는데도 여전히 예수님을 놀라워한다. "죽임을 당하신 어린양은 능력과

부와 지혜와 힘과 존귀와 영광과 찬송을 받으시기에 합당하도다"(계 5:12). 한때 서로 미워하던 사람들이 한목소리로 찬양을 드린다. 그분의 십자가 죽음이 그들을 무릎 꿇고 예배하게 만든다. 이제 그들은 한때 싫어했던 사람들과 나란히 무릎을 꿇고 있다.

이 부분을 쓰고 지우고 쓰고 지우기를 몇 번이나 반복했는지 모른다. 그것은 에베소서 2장 13-22절에 더할 것이 전혀 없기 때문이다. 추가 설명이 필요할 만큼 헷갈린 부분이 하나도 없다. 모든 것을 명확하게 말해 준다. 기도하는 심정으로 이 구절을 다시 찬찬히 읽어 보기를 바란다. 실로 초자연적인 말씀이다. 이 구절을 읽는 사람마다 깊은 찬양과 회개의 시간을 가져야 마땅하다.

우리의 분열에 슬퍼하시는 성령

많은 그리스도인이 성령이 인격체임을 배우고도 실제로는 성령을 인격을 가지지 않은 존재로 대한다. 우리는 성령이 무엇을 하시고 무엇을 하시지 않는지, 성경이 성령에 관해서 뭐라고 말하는지를 두고 많은 토론을 벌인다. 그런데 성령에 관한 대부분의 토론에는 한 가지가 빠져 있다. 그것은 바로 두려움(경외함)이다.

당신이 성령에 관해 이야기했던 시간들을 되돌아보라. 상상도 할 수 없는 하나님에 관해 이야기할 때 당신의 목소리에는 경외감이 묻어났는가? 인간의 머리로는 절대 이해할 수 없는 하나님의 길을 생각하며 겸손한 어조로 말했는가? 내가 성령에 관해 얼마나 무미건조하게, 심지어 오만한 어조로 말했는지 떠올리면 송구하기 짝이 없다. 나는 마치 성령 전문가라도 되는 양 떠들었다. 한낱 인간이 감히 성령 전문가라고 생각하는 것이 얼마나 큰 교만인가. 참으로 어처구니가 없는 생각이다. 이런 나를 받아 주시는 하나님의 긍휼에 감사하지 않을 수가 없다.

보좌로부터 번개와 음성과 우렛소리가 나고 보좌 앞에 켠 등불 일곱이 있으니 이는 하나님의 일곱 영이라(계 4:5).

처음 예수님을 뵈면 어떨까? 처음 성령을 마주하면 어떨까? 심지어 거룩한 땅을 밟는다는 생각만 해도 가슴이 벅차오른다. 그러니 성령에 관해서 이야기하는 순간은 보통 신성한 순간이 아니다.

성령이 슬퍼하실(grieve; 개역개정판은 "근심하다"로 번역했다 - 편집

자) 수 있다는 말씀을 처음 읽었던 순간이 기억난다(엡 4:30, ESV). 혼란스러웠다. 나는 성령이 인격체라는 사실을 신학적으로는 알면서도 실제로 그분을 인격체로 대하지는 않는 수많은 신자 가운데 하나였다. 성령이 인격체라고 믿으면서도 무한한 권능을 지닌 분이 슬퍼할 수는 없다고 생각했다. 하지만 성경은 전혀 그렇지 않다고 말한다.

> 무릇 더러운 말은 너희 입 밖에도 내지 말고 오직 덕을 세우는
> 데 소용되는 대로 선한 말을 하여 듣는 자들에게 은혜를 끼치게
> 하라 하나님의 성령을 **근심하게**〔슬퍼하게, ESV〕 하지 말라 그
> 안에서 너희가 구원의 날까지 인치심을 받았느니라 너희는
> 모든 악독과 노함과 분냄과 떠드는 것과 비방하는 것을 모든
> 악의와 함께 버리고(엡 4:29-31).

성령은 슬퍼하신다. 그리고 바울은 분열을 조장하는 우리 말과 행동을 특히 성령이 슬퍼하신다고 말한다. 당신의 말이 성령 하나님을 슬프시게 만들 수 있다는 사실을 깊이 생각해 본 적이 있는가? 우리는 늘 이 사실을 생각하며 말과 행동을 조심해야 한다.

성령이 슬퍼하시고 내 안에 거하신다면 나는 그 슬픔을

느낄 수밖에 없다.

"성령이 슬퍼하시지만 나는 괜찮아. 나는 좀 둔감한 편이거든."

말이 안 되는 소리다. 성령이 우리가 분열하는 모습에 슬퍼하시는데 우리는 아무렇지도 않다면 보통 심각한 문제가 아니다.

주님의 관심사 VS 내 관심사

"주님이 느끼시는 것을 저도 느끼게 도와주소서." 내가 이렇게 기도하기 시작한 지는 얼마 되지 않았다. 하나님은 최근에서야 내게 이렇게 기도할 지혜를 주셨다.

성경에 경건한 사람들이 하나님의 감정을 느끼고 불경건한 자들은 그렇지 못한 사례가 많다는 사실이 눈에 들어왔다. 하나님은 우리가 그분의 진리를 머리로만 믿고 그분의 명령에 마지못해 순종하기를 원하시지 않는다. 하나님은 진정한 사랑을 원하신다. 우리가 하나님을 깊이 사랑하여 그분의 감정을 그대로 느낄 만큼 그분과 온전히 하나가 되기를 원하신다. 이것이 성령이 우리 안에 거하시는 이유 가운데 하나다.

성령이 우리 안에 거하시면 그분과 우리는 서로 분리될 수 없는 완전한 일체가 된다. 우리의 영이 하나님의 영과 더 온전하게 뒤얽힐수록 그분의 감정을 더 깊이 느낄 수 있다. 그분이 사랑하시는 것을 사랑하고 그분이 슬퍼하시는 것에 슬퍼하는 것이다.

흥미롭게도 에스겔 9장 4절과 요한계시록 9장 4절은 둘 다 하나님이 그분의 백성의 이마에 표시를 해서 모두가 멸망하는 심판의 날 보호하시겠다는 이야기다. 이는 애굽에서 "멸망시키는 천사"(출 12:23, 현대인의성경)가 어린양의 피를 바른 집들을 그냥 지나갔던 상황과 비슷하다. 하나님의 역사에서 나타나는 이런 패턴에 주목해야 한다. 에스겔이 인침을 받은 사람들을 어떻게 묘사하는지 보라.

> 여호와께서 이르시되 너는 예루살렘 성읍 중에 순행하여 그 가운데에서 행하는 모든 가증한 일로 말미암아 탄식하며 우는 자의 이마에 표를 그리라 하시고 그들에 대하여 내 귀에 이르시되 너희는 그를 따라 성읍 중에 다니며 불쌍히 여기지 말며 긍휼을 베풀지 말고 쳐서 늙은 자와 젊은 자와 처녀와 어린이와 여자를 다 죽이되 이마에 표 있는 자에게는 가까이 하지 말라 내 성소에서 시작할지니라 하시매 그들이 성전 앞에

있는 늙은 자들로부터 시작하더라(겔 9:4-6).

하나님의 진노를 피한 사람들은 "그 가운데에서 행하는 모든 가증한 일로 말미암아 탄식하며 우는" 사람들이었다. 이 표는 주변에 가득한 죄로 인한 하나님의 탄식과 슬픔을 똑같이 느낀 사람들의 이마에만 그려졌다.

구약에서 롯은 꽤 흥미로운 인물이었는데, 베드로는 그의 영혼이 슬퍼했다고 말한다.

> 무법한 자들의 음란한 행실로 말미암아 고통당하는
> 의로운 롯을 건지셨으니 (이는 이 의인이 그들 중에 거하여
> 날마다 저 불법한 행실을 보고 들음으로 그 의로운 심령이
> 상함이라)(벧후 2:7-8).

롯은 주변 세상에 죄가 가득한 것을 알고 "고통"스러워했다. "그 의로운 심령이 상함이라." 우리 역시 어디를 봐도 불경건하기 짝이 없는 시대에 살고 있다. 주변에 가득한 악을 보고도 우리의 심령이 무덤덤해서는 안 된다. 세상의 상황에 무관심하기가 더 쉽지만 롯은 그것을 보며 심령이 상하는 고통을 느꼈고, 하나님은 이를 기뻐하셨다. 롯은 하나님이 느끼

시는 것을 함께 느꼈다.

이 이야기를 조금 더 해 보자. 하나님은 에스겔에게 그분의 백성에게 일어나는 일로 인해 "허리가 끊어지듯 …… 슬피" 탄식하라고 명령하셨다(겔 21:6). 하나님은 악한 세상을 보며 탄식하는 남은 자들을 모을 것이라고 스바냐 선지자를 통해 약속하셨다(습 3:18). 요한계시록에서는 "네가 니골라 당의 행위를 미워하는도다 나도 이것을 미워하노라"라고 말씀하시면서 에베소 교회를 칭찬하셨다(계 2:2-6). 느헤미야는 하나님의 도성과 백성이 망한 것을 생각하며 울었다(느 1:4; 2:2-3). 다윗은 하나님의 법을 지키지 않는 백성 때문에 "눈물이 시냇물같이" 흘렀다(시 119:136). 요나서의 결말부에서 하나님은 완악한 니느웨에 대한 그분의 연민을 요나가 함께 느끼지 않은 점을 지적하셨다(욘 4:10-11). 아모스는 하나님 백성의 몰락에 슬퍼하지 않고 희희낙락하며 자기 인생을 즐기기에 바쁜 사람들을 꾸짖었다(암 6:4-6).

가끔 아내 리사와 함께 영화를 볼 때면 우리 부부의 반응이 전혀 다를 때가 많다. 영화가 너무 지루해서 연신 하품을 해 대다가 문득 고개를 돌리면 아내는 눈물을 펑펑 쏟고 있다. 그리스도와 그분의 신부 사이에서도 이런 삐걱거림이 자주 나타난다.

하나님은 어떤 것을 가장 안타까워하시는지 분명히 말씀하셨다. 어떤 일들에 슬픔을 느끼시는지 알려 주셨다. 하지만 우리는 그분의 아들이 생명을 내주고 확보해 주신 하나됨을 무시하고 쓸데없는 것들로 서로를 공격하고 있다. 이런 일은 비일비재하다. 우리가 신경 쓰는 많은 것들은 알고 보면 하나님이 전혀 신경 쓰시지 않는 것들이다. 반대로, 하나님이 안타까워하시는 것들에 우리는 아무런 관심이 없는 듯하다.

chapter 2

온전한 연합,
'내 영혼'이
애타게 그리워하는 것

† 같은 마음, 같은 뜻으로 움직이던 초대 교회 †

태양과 별들, 태양계, 은하계에 비해 지구가 얼마나 작은 지를 보여 주는 영상을 다들 한 번쯤은 봤을 것이다. 한 존재가 입을 열어 이 모든 것을 순식간에 존재하게 만드는 순간을 상상해 보라. 지금 바로 눈을 감고 그 엄청난 순간을 머릿속에 그려 보라.

이번에는 그 존재가 당신의 몸 안으로 들어오는 것을 상상해 보라. 진정한 믿음의 순간, 바로 이런 일이 벌어진다. 많은 사람이 구원을 생각할 때 단순히 십자가와 부활 사건을 믿고서 하나님의 진노를 피하는 것 정도에 그친다. 이는 신약의 요지를 완전히 놓친 것이다. 거듭남은 한차례 거래가 이루어진 뒤 나중에 죽어서 그 거래 결과를 경험할 때까지 가만히 기다리는 것이 아니다. 거듭남은 지금 이곳에서 하나님의 생명을 경험하는 것이다.

사람에게 별다른 영향을 미치지 않고 그저 그의 안으로 슬그머니 들어가 쥐 죽은 듯이 조용히 지내시는 하나님? 내가 성경에서 읽은 하나님은 전혀 그런 분이 아니시다. 내가 예배하는 하나님은 부활의 능력으로 죽은 자를 살리시고, 그분을 거부하는 것들을 죽이시는 분이다.

그의 힘의 위력으로 역사하심을 따라 믿는 우리에게 베푸신

능력의 지극히 크심이 어떠한 것을 너희로 알게 하시기를
구하노라 그의 능력이 그리스도 안에서 역사하사 죽은 자들
가운데서 다시 살리시고 하늘에서 자기의 오른편에 앉히사
모든 통치와 권세와 능력과 주권과 이 세상뿐 아니라 오는
세상에 일컫는 모든 이름 위에 뛰어나게 하시고 또 만물을
그의 발 아래에 복종하게 하시고 그를 만물 위에 교회의
머리로 삼으셨느니라 교회는 그의 몸이니 만물 안에서 만물을
충만하게 하시는 이의 충만함이니라(엡 1:19-23).

예수를 죽은 자 가운데서 살리신 이의 영이 너희 안에 거하시면
그리스도 예수를 죽은 자 가운데서 살리신 이가 너희 안에
거하시는 그의 영으로 말미암아 너희 죽을 몸도 살리시리라
그러므로 형제들아 우리가 빚진 자로되 육신에게 져서
육신대로 살 것이 아니니라 너희가 육신대로 살면 반드시 죽을
것이로되 영으로써 몸의 행실을 죽이면 살리니 무릇 하나님의
영으로 인도함을 받는 사람은 곧 하나님의 아들이라(롬 8:11-14).

지금 당신의 가슴이 주체할 수 없이 벅차오르고 있기를
바란다. 이 말씀들에 힘을 얻어 당신에게 그 무엇도 극복할
수 있는 부활의 능력이 있다는 확신으로 살아갈 수 있기를

바란다. 베드로는 우리가 "신성한 성품에 참여하는 자"가 되었다고 말한다(벧후 1:4). 이 진리에 흠뻑 젖으라.

우리는 연합을 원하시는 하나님의 인도하심을 받고 있다. 그러므로 참된 신자라면 연합을 추구할 수밖에 없다.

우리는 같은 기적을 공유했다. 한때 우리는 약하고 죽은 자들이었다. 그러다 모든 것이 변했다. 우리는 말할 수 없이 큰 은혜를 경험했다. 당신과 전혀 모르는 어떤 사람이 둘 다 몹쓸 병에 걸려 고통에 신음하고 있다고 해 보자. 둘 다 더 이상 앞을 볼 수 없어서 고통으로 울부짖으며 모진 목숨이 끊어지기만 기다리고 있다. 그때 누군가 다가와 둘 다 기적적으로 치료해 준다. 또한 시력을 회복시켜 줄 뿐 아니라 당신과 다른 환자에게 각각 수십 억 원씩 쥐어 준다.

그 선물을 받을 때 같이 은혜를 경험한 당신과 그 사람은 어떤 표정으로 서로를 바라볼까? 필시 기분 좋은 충격의 표정일 것이다. 신자들은 바로 이런 표정으로 하나가 되어야 한다. "세상에 어떻게 이런 일이 일어날 수 있지? 하나님의 원수였던 우리가 하나님의 자녀가 되다니! 우리의 영원한 운명이 완전히 바뀌었어. 게다가 살아 계신 하나님이 방금 우리 몸에 들어오셨어!"

바로 이런 표정으로 우리는 서로를 쳐다보아야 한다. 그런데 왜 많은 그리스도인들이 서로를 이런 눈빛으로 보지 않는 것일까? 혹시 그들은 이런 기적을 전혀 경험하지 못한 것은 아닐까? 그들이 구원을 받았다면 모두가 똑같이 기쁨에 겨운 표정을 짓기 때문에 누가 누구인지 구분이 안 갈 정도가 되어야 하는 것 아닌가?

가짜 신자

> 너희가 교회에 모일 때에 너희 중에 분쟁이 있다 함을 듣고
> 어느 정도 믿거니와 너희 중에 파당이 있어야 너희 중에 옳다
> 인정함을 받은 자들이 나타나게 되리라(고전 11:18-19).

바울은 고린도 교인들 가운데 가짜가 있기 때문에 그 안에서 분열이 불가피하다고 말한다. 진정한 신자는 티가 난다. 사도 요한도 같은 말을 한다. 그는 우리와 같이 모인다고 해서 다 진정으로 우리에게 속한 것은 아니기 때문에 어느 정도 분열이 나타날 수밖에 없다고 설명한다. "그들이 우리에게서 나갔으나 우리에게 속하지 아니하였나니 만일 우리에게 속하였더라면 우리와 함께 거하였으려니와 그들이

나간 것은 다 우리에게 속하지 아니함을 나타내려 함이니라"(요일 2:19).

요한일서 곳곳에서 요한은 그리스도인이라고 주장하면서 행동의 변화는 전혀 나타나지 않는 자들은 다 거짓말이라고 경고한다. 행함이 없으면서 믿음이 있다고 확신해 온 모든 사람이 이 구절을 읽고 경각심을 느껴야 한다. 사람이 구원을 받으면 삶이 변해야 할까? 이 질문을 생각하며 다음 구절들을 읽으라.

만일 우리가 하나님과 사귐이 있다 하고 어둠에 행하면
거짓말을 하고 진리를 행하지 아니함이거니와(요일 1:6).

우리가 그의 계명을 지키면 이로써 우리가 그를 아는 줄로 알
것이요 그를 아노라 하고 그의 계명을 지키지 아니하는 자는
거짓말하는 자요 진리가 그 속에 있지 아니하되 누구든지
그의 말씀을 지키는 자는 하나님의 사랑이 참으로 그 속에서
온전하게 되었나니 이로써 우리가 그의 안에 있는 줄을 아노라
그의 안에 산다고 하는 자는 그가 행하시는 대로 자기도
행할지니라(요일 2:3-6).

빛 가운데 있다 하면서 그 형제를 미워하는 자는 지금까지
어둠에 있는 자요 그의 형제를 사랑하는 자는 빛 가운데 거하여
자기 속에 거리낌이 없으나(요일 2:9-10).

그 안에 거하는 자마다 범죄하지 아니하나니 범죄하는 자마다
그를 보지도 못하였고 그를 알지도 못하였느니라 ……
이러므로 하나님의 자녀들과 마귀의 자녀들이 드러나나니 무릇
의를 행하지 아니하는 자나 또는 그 형제를 사랑하지 아니하는
자는 하나님께 속하지 아니하니라(요일 3:6, 10).

우리는 형제를 사랑함으로 사망에서 옮겨 생명으로 들어간
줄을 알거니와 사랑하지 아니하는 자는 사망에 머물러
있느니라 그 형제를 미워하는 자마다 살인하는 자니 살인하는
자마다 영생이 그 속에 거하지 아니하는 것을 너희가 아는
바라(요일 3:14-15).

누가 이 세상의 재물을 가지고 형제의 궁핍함을 보고도 도와줄
마음을 닫으면 하나님의 사랑이 어찌 그 속에 거하겠느냐
자녀들아 우리가 말과 혀로만 사랑하지 말고 행함과
진실함으로 하자(요일 3:17-18).

사랑하는 자들아 우리가 서로 사랑하자 사랑은 하나님께
속한 것이니 사랑하는 자마다 하나님으로부터 나서 하나님을
알고 사랑하지 아니하는 자는 하나님을 알지 못하나니 이는
하나님은 사랑이심이라(요일 4:7-8).

우리가 사랑함은 그가 먼저 우리를 사랑하셨음이라
누구든지 하나님을 사랑하노라 하고 그 형제를 미워하면
이는 거짓말하는 자니 보는 바 그 형제를 사랑하지 아니하는
자는 보지 못하는 바 하나님을 사랑할 수 없느니라 우리가 이
계명을 주께 받았나니 하나님을 사랑하는 자는 또한 그 형제를
사랑할지니라(요일 4:19-21).

우리가 하나님을 사랑하고 그의 계명들을 지킬 때에 이로써
우리가 하나님의 자녀를 사랑하는 줄을 아느니라 하나님을
사랑하는 것은 이것이니 우리가 그의 계명들을 지키는 것이라
그의 계명들은 무거운 것이 아니로다(요일 5:2-3).

요한은 한 가지 단순하지만 지극히 중요한 요지를 전달
하기 위해 강한 표현들을 사용한다. 그 요지는, 그리스도인
이 되는 것은 특정 종교에 속하는 문제가 아니라는 점이다.

그리스도인이 되는 것은 그리스도가 우리 안에 들어와 그분의 사랑을 채워 주시고, 우리를 통해 주변 사람들에게 그분의 생명을 부어 주시는 것을 의미한다. 예수님의 사랑으로 삶이 변하는 경험을 하면 하나님과 다른 사람들을 향한 사랑이 자연스레 넘쳐 난다. 반대로 툭하면 분열을 일으키고 믿음의 형제자매들을 향한 사랑이 잘 솟아나지 않는다면 스스로에게 진지하게 물어야 한다. "성령이 정말로 내 안에 들어오셨는가?"

앞서 소개한 요한일서 말씀들을 읽으면서 불안하고 찜찜했다면 그냥 넘어가지 말라. 성경을 펴고 요한일서를 쭉 읽어 보라. 마음먹고 읽으면 10분 정도면 요한일서 전체를 읽을 수 있다. 요한은 우리 가운데 진정한 연합이 나타날 수 있도록 이런 글을 썼다고 설명한다(요일 1:3). 또한 우리에게 기쁨과 구원의 확신을 주기 위해 썼다고 했다. 그런데 이 말씀들을 읽고 오히려 근심과 의심이 생겼다면 이 책을 읽으면서 진정한 변화를 경험하기를 간절히 바란다.

이 시점에서 당신이 할 수 있는 최악의 행동은 방어적으로 구는 것이다. 자기 삶이 변한 것이 거의 없는데도 요한이 틀렸고 자신의 구원이 진짜라고 우기는 것은 어리석은 짓이다. 지금 우리는 영원한 천국이냐 지옥이냐에 관해 이야기

그리스도인이 되는 것은

그리스도가 우리 안에 들어와

그분의 사랑을 채워 주시고,

우리를 통해 주변 사람들에게

그분의 생명을 부어 주시는 것을 의미한다.

예수님의 사랑으로 삶이 변하는 경험을 하면

하나님과 다른 사람들을 향한 사랑이

자연스레 넘쳐 난다.

하는 것이다. 이 문제의 심각성을 이해한다면 제아무리 교만한 사람이라도 다급히 자신을 솔직히 돌아볼 수밖에 없다.

당신이 '회심'한 순간을 기억하는가? 감정이 북받쳐 오르면서 눈물이 하염없이 쏟아졌던 순간, 믿음을 고백했으니 그것이 믿음의 증거라고 목사가 인정해 주었던 순간. 내 '회심' 경험도 별반 다르지 않았다. 그런 경험이 무조건 진짜가 아니라는 말이 아니다. 요한에 따르면, 그런 경험이 진짜라면 삶이 반드시 달라진다.

"요즘 내 신앙이 좀 미지근해요"

흔히 '죄인의 기도'(sinner's prayer)라고 부르는 기도를 드렸던 기억이 난다. 이 기도는 성경 어디에서도 찾을 수 없지만 이 기도를 드리는 것은 전혀 잘못이 아니다. 다만 이 기도를 구원받은 증거로까지 여기는 것은 어리석다.

이 기도를 드릴 당시 나는 십 대 초반이었고 부모님은 이미 돌아가신 상태였다. 나도 갑자기 죽을지 모른다는 두려움에 내가 젊은 나이에 죽었을 때 천국에 간다는 확증을 얻고 싶었다. 그래서 대충 이런 기도를 드렸다.

"하나님, 당신께 죄를 지었다는 걸 알아요. 예수님이 제

죗값을 치르시려 십자가에서 돌아가셨다는 사실을 믿어요.
제발 지금 제 삶에 오셔서 저를 당신이 원하시는 사람으로
만들어 주세요."

내가 기도를 마치자 목사는 이제 죽어도 천국에 가니까
안심하라고 말해 주었다. 당시 목사가 예수님을 영접한 사
람들을 앞으로 나오라고 말한 뒤에 사용했던 구절들이 지금
도 기억난다.

볼지어다 내가 문 밖에 서서 두드리노니 누구든지 내 음성을
듣고 문을 열면 내가 그에게로 들어가 그와 더불어 먹고 그는
나와 더불어 먹으리라(계 3:20).

내가 하나님의 아들의 이름을 믿는 너희에게 이것을 쓰는 것은
너희로 하여금 너희에게 영생이 있음을 알게 하려 함이라(요일
5:13).

그 목사는 예수님이 내 마음의 문을 두드리고 계신다고
말했다. 예수님이 십자가 위에서 이루신 일을 믿고 그분을
마음에 받아들이면 언젠가 천국에 간다고 확신해도 좋다고
했다. 이런 말이 틀렸다는 게 아니다. 우리는 예수님이 십자

가 위에서 완성하신 일을 생각하며 하나님을 찬양해야 마땅하다. 예수님을 믿는 사람은 정말로 구원을 받는다. 이것은 엄연한 사실이다. 하지만 진정한 믿음이 삶의 변화를 낳는다는 말도 사실이다. 믿음이 진짜라면 삶의 변화도 진짜로 나타나야 한다.

그 목사는 이 성경 구절들이 어떤 배경에서 나왔는지 이야기해 주지 않았다. 앞서 살폈듯이 요한일서 5장 13절은 요한일서 전체를 배경으로 두고 보아야 한다. 요한일서 전체의 초점은 참된 신자의 특징들이다. 이런 배경에서 요한은 5장에서 "너희로 하여금 너희에게 영생이 있음을 알게" 하려고 요한일서를 썼다고 말한다. 그렇다면 우리가 영생을 얻었는지 어떻게 알 수 있는가? 처음 다섯 장에서 언급된 특징들이 우리에게 있는지 확인하면 된다.

요한계시록 3장에서 예수님은 '미지근한' 사람에 관해서 말씀하시면서 "곤고한 것과 가련한 것과 가난한 것과 눈먼 것과 벌거벗은 것"이라는 표현을 사용하신다. 예수님은 결국 이 사람을 입에서 토해 내실 것이라고 말씀하신다. 예수님은 이 사람의 마음 문을 두드리며 회개하고 진정으로 구원받으라고 촉구하고 계신다.

이 구절들을 잘 읽어 보라. 미지근한 이 사람은 구원을

받지 못했다. 이것을 강조하는 까닭은 자신의 신앙이 미지
근하다고 무심코 혹은 농담조로 말하는 사람을 너무도 많
이 보았기 때문이다. 그런 사람을 도무지 이해하지 못하겠
다. 그렇게 인정하는 것은 곧 자신이 구원을 받지 못했다고,
곧 하나님의 진노를 당할 것이라고 인정하는 것인 줄 정말
로 모른단 말인가! 내가 이 점을 아무리 강조해도 적잖은 사
람들이 일말의 두려움도 느껴지지 않는 담담한 어조로 자
신의 신앙이 미지근하다고 말한다. 기껏해야 멋쩍게 웃을
뿐이다.

미지근한 자들끼리의 사귐

우리가 '미지근한 그리스도인'들도 있을 수 있다고 믿
는 한 연합은 불가능하다. 다시 말하지만 미지근한 사람들
은 그리스도인이 아니다. 이것은 내 말이 아니다. 요한계시
록 3장을 읽어 보라. 여기서도 이것이 예수님이 누군가의 문
을 두드리시는 '이유'다. 예수님은 아직 그의 안에 들어가시
지 못했기 때문에 들여보내 달라고 요청하시는 것이다. 그
는 아직 어둠 가운데 있다. 그리고 빛은 어둠과 사귈 수 없다
(고후 6:14).

예수님을 주(主)로 따르지 않으면서도 자신이 예수님의 대속의 죽음으로 구원을 받았다고 철석같이 믿는 사람이 참 많다. 요한복음 9장에서 몇 번이나 설명하듯이 그들은 구원 받은 사람들이 아니다. 그런데도 그들이 스스로를 그리스도 인이라 부르는 바람에 그리스도인의 연합이라는 문제가 복잡해진다.

스스로는 항복을 한사코 거부하는 자들이 기꺼이 그리스도께 온 삶을 바친 사람들과 온전히 하나가 되려고 하면 결과는 대혼란일 뿐이다. 항복하지 않은 자들은 죄를 눈감아 달라 부탁하고 자신의 욕심을 불경건한 방식으로 채워 가면서 그리스도의 제자들과 끊임없이 충돌할 수밖에 없다.

미지근한 자들은 다른 미지근한 자들과 잘 사귈 수 있다. 그들끼리 둘러앉아 서로를 위로하면서 서로가 가진 죄책감을 덜어 준다. 나름대로 성경 공부 모임도 갖는데, 기껏해야 삶에 열매가 거의 혹은 전혀 없어도 구원받을 수 있다는 식의 이야기나 나눈다. 예전에 다니던 교회에서 상처를 받고 하나님에게서 멀어진 사연들을 나누고 서로 그 교회 욕을 하며 스트레스를 푼다. 한 사람이 자신을 부인하고 자기 십자가를 지라는 사람들을 과격주의자라고 부르면 모두가 고개를 끄덕이며 맞장구를 친다. 심지어 함께 성경을 해석하고 찬양도 부르고 성찬식도 하고 서로 조언도 해 준다. 또한 성경의 명령들이 오늘날에도 여전히 유효하다고 믿는 사람들을 공격하는 데 힘을 합치기도 한다.

당연한 충돌

마찬가지로 그리스도께 항복한 신자들의 연합도 거의 노력이 필요하지 않을 정도로 쉽다. 나는 복음을 위해 고난을 겪고 "산 제물"이 된 사람들(롬 12:1)을 만날 때마다 마음을 다 터놓는다. 즉시 친근감과 유대감을 느낀다. 그들의 삶은 그리스도와 닮아 있다. 내게 그들을 사랑하고 섬기는 것은 큰 영광이다. 마치 그리스도를 직접 섬기는 것처럼 느껴지기 때문이다. 핍박받은 신자들은 서로 깊은 유대감을 느끼기 위해 애써 노력할 필요가 없다.

우리 모두는 성령 충만해서 빛이 나는 사람들을 만나 본 적이 있다. 그들과 그리스도의 친밀함이 눈에 똑똑히 보일 정도다. 그들을 보면 하나님을 만난 뒤 얼굴이 빛났던 모세의 이야기가 떠오른다. 이렇게 기쁨이 넘치는 사람들이 서로 만나면 서로 하나님께 복을 받은 이야기를 나누느라 바쁘다. 그들의 이야기에서는 항상 하나님이 주인공이시며, 그들 사이의 우정은 노력이 필요 없을 정도로 자연스럽게 형성된다. 그리스도 안에서 평강과 기쁨이 넘치는 사람들이 서로 갈등을 겪는 경우는 거의 없다. 사실 나는 한 번도 본 적이 없다.

참된 신자들끼리는 연합을 누릴 수 있고, 스스로 그리스도인이라고 우기는 미지근한 사람들끼리도 연합을 누릴 수 있다. 문제는 서로 교잡하려고 할 때 발생한다. 신앙을 지키느라 핍박을 받은 사람들이 '복음을 믿기만 하면 물질적으로 풍족해져야 한다'고 믿는 사람들과 마음을 터놓고 교제하려고 해 봐야 뜻대로 되지 않는다. 순결을 사랑하는 사람들은 매사에 "이 정도는 해도 하나님이 신경 쓰시지 않을 거야"라고 말하는 자들과 절대 화평할 수 없다. 복음을 위해 목숨을 거는 사람들은 제발 그러지 말라고 애원하는 자들을 진정으로 이해할 수 없다. 그리스도의 사랑을 충만하게 누리고 다른 사람들에게도 보여 주는 사람들은 그 사랑을 말로만 떠드는 자들과 늘 충돌할 수밖에 없다.

삭개오와 부자 관리,
같은 교회에 다닐 수 있을까?

누가복음 18장과 19장에는 예수님이 각각 다른 부자와 만나시는 이야기가 나온다. 그런데 두 부자는 재산이 엄청나게 많다는 점 외에는 별로 공통점이 없었다.

우선 누가복음 18장에서 예수님은 한 부자 관리를 만나신다. 관리가 예수님께 찾아와 질문을 던진다.

"어떻게 해야 영생을 물려받을 수 있겠습니까?"

예수님은 우리가 내놓을 법한 것과 전혀 다른 대답을 내놓으신다. 예수님은 계명들을 상기시키신 다음 이렇게 말씀하신다.

"그래도 너에게 부족한 것이 한 가지 더 있다. 가진 재산을 전부 팔아서 가난한 사람들에게 나눠 주면 하늘의 보화를 갖게 될 것이다. 그다음에 와서 나를 따르라."

성경은 이 사람이 돈이 너무 많아서 슬픈 얼굴로 떠나갔다고 말한다. 그는 예수님에게서 그만한 가치를 보지 못했다.

다음 장에서 예수님은 세리 삭개오의 집에서 묵겠다고 말씀하신다. 이 말씀에 삭개오는 물론이고 여리고의 모든 사람이 깜짝 놀란다. 삭개오는 기쁨으로 예수님을 맞이하고, 예수님이 시키시지도 않았는데 재산의 절반을 가난한 자들에게 나눠 주고 누구의 것을 속여 빼앗은 일이 있다면 네 배로 돌려주겠다고 선언한다. 삭개오는 예수님이 자기 집으로 오신다는 사실에 너무 기뻐서 돈 따위는 눈에 들어오지도 않았다. 그분을 위해서라면 무엇이든 내놓을 수 있었다.

이제 이 두 사람이 같은 교회에서 같은 구역에 속해 있다고 해 보자. 부자 관리는 구역 식구들에게 자신이 이미 많은 희생을 했는데도 예수님이 흡족해하지 않고 무리한 요구를 하셨다고 하소연한다.

"지금까지 충성스럽게 율법을 지켜 온 것은 왜 인정해 주시지 않죠?"

그러자 구역 식구들이 그를 위로한다.

"예수님이 인정하시지, 왜 인정 안 하시겠어요? 말 그대로 '모든' 재산을 팔라는 말씀은 아니셨을 거예요. 그건 선한 청지기의 모습이 아니니까요."

이에 삭개오가 끼어들어 자신의 경험을 이야기하고 예수님을 위해서라면 자신의 전부를 희생해도 아깝지 않다고 말한다. 그러자 구역 식구들은 과격한 신앙이니, 자기 의(self-righteous)에 빠졌느니 하며 수군거린다.

낙심한 삭개오는 결국 교회를 떠난다. 그는 구역 식구들과 하나가 되기를 원한다. 하지만 그는 빛 가운데 있고 구역 식구들은 여전히 어둠 가운데 갇혀 있으니 진정한 사귐이 이루어질 수 없다. 서로 같은 주님을 따르고 있지 않다면 동행할 수 없다.

다시 '처음 그 교회'로

혹시 이렇게 말할지도 모르겠다. "그리스도인의 삶은 성화의 과정이 아닌가? 예수님을 따르자마자 처음부터 완벽하게 거룩한 삶을 살아 내는 사람이 세상에 어디 있는가. 아기 신자에서 하루아침에 어른 신자가 될 수는 없지 않은가."

물론 맞는 말이다. 성화는 실제로 긴 과정이다. 하지만 성화를 항복과 동일시하면 문제가 생긴다. 성화의 결과 우리는 더 온전하고도 기꺼이 항복할 수 있다. 하지만 항복이 성숙의 증거일 뿐 구원의 필수 조건은 아니라고 생각한다면 오산이다. 예수님이 그분을 따르려는 이들에게 어떻게 말씀하시는지 들어 보라.

또 무리에게 이르시되 아무든지 나를 따라오려거든

자기를 부인하고 날마다 제 십자가를 지고 나를 따를 것이니라

누구든지 제 목숨을 구원하고자 하면 잃을 것이요

누구든지 나를 위하여 제 목숨을 잃으면 구원하리라

(눅 9:23-24).

길 가실 때에 어떤 사람이 여짜오되 어디로 가시든지 나는

따르리이다 예수께서 이르시되 여우도 굴이 있고 공중의

새도 집이 있으되 인자는 머리 둘 곳이 없도다 하시고 또 다른

사람에게 나를 따르라 하시니 그가 이르되 나로 먼저 가서

내 아버지를 장사하게 허락하옵소서 이르시되 죽은 자들로

자기의 죽은 자들을 장사하게 하고 너는 가서 하나님의 나라를

전파하라 하시고 또 다른 사람이 이르되 주여 내가 주를

따르겠나이다마는 나로 먼저 내 가족을 작별하게 허락하소서

예수께서 이르시되 손에 쟁기를 잡고 뒤를 돌아보는 자는

하나님의 나라에 합당하지 아니하니라 하시니라(눅 9:57-62).

수많은 무리가 함께 갈새 예수께서 돌이키사 이르시되

무릇 내게 오는 자가 자기 부모와 처자와 형제와 자매와 더욱이

자기 목숨까지 미워하지 아니하면 능히 내 제자가 되지 못하고

누구든지 자기 십자가를 지고 나를 따르지 않는 자도 능히

내 제자가 되지 못하리라 너희 중의 누가 망대를 세우고자

할진대 자기의 가진 것이 준공하기까지에 족할는지 먼저
앉아 그 비용을 계산하지 아니하겠느냐 그렇게 아니하여 그
기초만 쌓고 능히 이루지 못하면 보는 자가 다 비웃어 이르되
이 사람이 공사를 시작하고 능히 이루지 못하였다 하리라
또 어떤 임금이 다른 임금과 싸우러 갈 때에 먼저 앉아 일만
명으로써 저 이만 명을 거느리고 오는 자를 대적할 수 있을까
헤아리지 아니하겠느냐 만일 못할 터이면 그가 아직 멀리 있을
때에 사신을 보내어 화친을 청할지니라 이와 같이 너희 중의
누구든지 자기의 모든 소유를 버리지 아니하면 능히 내 제자가
되지 못하리라(눅 14:25-33).

그리스도인이라면서 예수님을 구주로는 받아들이되 주
인으로 받아들일지는 아직 고민 중이라는 게 말이 되는가?
예수님은 그런 여지를 전혀 두시지 않았다. 실제로 존재하
지도 않는 '그리스도인'의 범주를 그저 우리 멋대로 만들어
낸 것일 뿐이다. 참된 신자라면 예수님을 주님으로 인정해
야 한다.

그렇다고 해서 참된 신자는 전혀 흔들리지 않는다는 뜻
이 아니다. 참된 신자는 예수님 앞에 한 번 모든 것을 내려놓
고 나면 남은 평생 계속해서 그렇게 하지는 않아도 된다는

뜻이 아니다. 하지만 예수님을 닮아 가려는 갈망과 예수님을 진실로 사랑해서 모든 것을 기꺼이 내려놓을 수 있는 의지만큼은 분명히 있어야 한다. 온전함으로 가는 길 위에는 있어야 한다. 이 세상 어떤 신자도 온전함에 이르지는 못했지만 성장하고 있다는 분명한 증거는 나타나야 한다. 샌프란시스코에서 뉴욕까지 운전을 해서 간다면 꾸준히 목적지에 가까워져야 한다.

물론 이 여행의 초반부에 있는 사람도 있고 다른 사람들보다 눈에 띄게 느리게 가는 사람도 있다. 성경은 믿음이 강한 신자들에게 이런 약하고 느린 신자들을 참을성 있게 봐주고, 사랑으로 밀고 끌어 줄 것을 명령한다. 믿음이 약한 신자들이 넘어지면 친절하게 일으켜 세워 주어야 한다. 그들이 진정 그리스도 몸의 일부라면 우리는 그들을 소중히 여기고 성장을 도울 의무가 있으며 전체 몸에 그 지체들이 필요함을 인정해야 한다. 물론 힘들고 답답할 수 있다. 그래도 끝까지 인내하며 이들과 함께 가야 한다. 이번 장의 목적은 믿음이 강한 신자들에게서 이 책임을 면해 주거나 그들의 자기 의를 부추기려는 것이 아니다.

믿음이 약한 신자와 강한 신자, 이제 막 신앙의 길에 들어선 신자와 오래 신앙생활을 해 온 신자 사이에서 하나님이 기뻐하시는 아름다운 연합이 나타날 수 있고 또 나타나야 한다. 우리는 서로 밀고 끌어 주는 아름다운 연합을 이루기 위해 부단히 노력해야 한다. 하지만 안타깝게도 교회 안에 예수님을 진정으로 따르지 않는 사람들이 많고, 그들과는 연합할 수 없다. 물론 사랑 안에서 그들을 질책하고 더 높은 삶으로 부를 책임이 우리에게 있다. 하지만 그들이 계속해서 변화되지 않은 채로 남는다면 연합이라는 이름으로 진리의 기준을 낮추는 것은 있을 수 없는 일이다.

"들을 귀 있는 자는 들으라"(막 4:9, 23; 마 11:15; 눅 8:8). 예수님이 자주 사용하신 표현이다. 이는 모든 사람이 그분의 메시지를 들을 수 있는 것은 아니라는 뜻이다. 오직 그분의 양떼만이 그분의 음성을 듣고 달려올 수 있다(요 10:3-5). 지금도 예수님이 그분의 신부에게 온전히 연합하라고 촉구하시면 그분의 양 떼는 듣고 따른다. 많은 이들이 사도행전 4장 32-35절을 읽고서 교회가 다시 그런 모습을 회복하기를 간절히 바랄 것이다. 우리는 이런 하나 됨을 원한다. 그것은 예수님이 이것을 원하시고 그분이 우리 안에 거하시기 때문이다.

믿는 무리가 한마음과 한뜻이 되어 모든 물건을 서로 통용하고 자기 재물을 조금이라도 자기 것이라 하는 이가 하나도 없더라 사도들이 큰 권능으로 주 예수의 부활을 증언하니 무리가 큰 은혜를 받아 그중에 가난한 사람이 없으니 이는 밭과 집 있는 자는 팔아 그 판 것의 값을 가져다가 사도들의 발 앞에 두매 그들이 각 사람의 필요를 따라 나누어 줌이라(행 4:32-35).

많은 신자들이 "한마음과 한뜻"이 되지 않은 사람이 '하나도 없던' 초대 교회를 부러워한다. 우리는 서로를 깊이 사랑하고 물건은 전혀 사랑하지 않는 사람들로만 채워진 하나의 교회가 있던 시절을 그리워한다. 교회사에서 1054년 교회가 처음 분열된 사건에 관해 읽노라면 가슴이 너무 아프다. 천 년 가까이 교회는 하나였다. 그 교회도 나름의 문제가 있었지만 그래도 세상에는 오직 하나 된 교회만 존재했다.

하지만 교회는 결국 공식적으로 두 파로 갈라져 서로를 파문했다. 이 한 번의 분열만 해도 심히 안타깝다. 하지만 몇 년 뒤에는 세 개의 파로 나뉘더니 곧이어 네 개의 파로 갈렸고, 새로운 분열이 일어날 때마다 또 다른 집단이 떨어져 나기기가 훨씬 더 쉬워졌다. 이후 수많은 교단이 난립하자 많은 신자들은 "이젠 그만!"이라고 외치고 있다.

기존에 속한 무리에서 떨어져 나와 자신들을 따라야 하

는 이유를 설명하는 수많은 리더들. 우리는 그들의 말을 듣는 데 넌더리가 났다. 우리는 다시 하나가 되기를 원한다. 좋은 소식은, 예수님이 이것을 우리보다도 더 간절히 원하신다는 것이다.

chapter 3

온전한 연합,
'죽어 가는 세상'을
되살리기 위한 것

† 복음 전도 사명의 기초 †

내가 어릴 적에 교회에 가면 으레 지옥에 관한 설교가 들렸다. 성경이 죽음 이후 닥칠 무시무시한 심판을 이야기한다는 사실을 모르는 사람이 한 명도 없었다. 이에 우리 모두는 절박한 마음으로 복음을 전했다. 누군가를 만날 때마다 이 운명에서 인류를 구원하기 위해 이 땅에 오신 예수님을 전했다. 다가올 심판을 경고해 주는 것이 우리가 베풀 수 있는 가장 큰 사랑이라고 믿었다. 지난 2천 년 동안 모든 그리스도인들이 이와 같이 생각했다.

그러다 변화가 나타났다. 목사들은 교회 출석률을 높이기 위해 주로 사람들이 듣고 싶어 하는 주제들에 관해 설교하기 시작했다. 그 주제 목록에 심판의 날은 당연히 없었다. 급기야 다가올 심판에 관해 목소리를 높이는 목사들은 불과 유황 이야기로 사람들을 겁주어 예수님을 믿게 하는 자들로 불리며 손가락질 받기에 이르렀다.

지옥은 금기어가 되었다. 사람들은 하나님의 진노가 과연 그분의 은혜, 사랑과 공존할 수 있는지 의구심을 갖기 시작했다. 아무에게도 남을 벌할 도덕적 권리가 없다는 쪽으로 세상의 시각이 변하면서 그리스도인들도 비슷한 질문을 던지기 시작했다. "사랑의 하나님이 어떻게 인간을 벌하실 수 있는가?"

그래서 오늘날 지옥을 분명히 믿는 교회들도 좀처럼 지옥 이야기를 꺼내지 않는 지경에 이르렀다. 심지어 대부분의 교회는 지옥에 관한 교리 자체를 폐기해 버렸다.

지옥에 관한 정통적 입장이 쇠퇴하니 많은 그리스도인이 쾌재를 불렀다. 그런 트렌드가 자신의 라이프스타일과 잘 맞아떨어졌기 때문이다. 지옥을 믿는다면 복음을 전하지 않는 것은 말이 되지 않는다. 영원한 결과가 따르는 심판의 날을 실제로 믿는다면 절박한 심정으로 사랑하는 사람들에게 경고할 수밖에 없다. 하지만 과격하다거나 광신주의자라는 말을 듣고 싶은 사람은 별로 없다. 그래서 우리는 삶을 조정하는 대신 신학을 조정했다. 그나마 하나님의 진노에 관한 성경 구절들을 재해석하려고 시도하는 사람들도 있지만, 대부분의 사람들은 그냥 무시해 버린다. 그렇게 모두가 지옥은 까마득히 잊어버린 채 행복한 웃음을 짓고 있다.

또 내가 크고 흰 보좌와 그 위에 앉으신 이를 보니 땅과 하늘이 그 앞에서 피하여 간 데 없더라 또 내가 보니 죽은 자들이 큰 자나 작은 자나 그 보좌 앞에 서 있는데 책들이 펴 있고 또 다른 책이 펴졌으니 곧 생명책이라 죽은 자들이 자기 행위를 따라 책들에 기록된 대로 심판을 받으니 바다가 그 가운데에서 죽은

자들을 내주고 또 사망과 음부도 그 가운데에서 죽은 자들을
내주매 각 사람이 자기의 행위대로 심판을 받고 사망과 음부도
불못에 던져지니 이것은 둘째 사망 곧 불못이라 누구든지
생명책에 기록되지 못한 자는 불못에 던져지더라(계 20:11-15).

너희로 환난을 받게 하는 자들에게는 환난으로 갚으시고
환난을 받는 너희에게는 우리와 함께 안식으로 갚으시는 것이
하나님의 공의시니 주 예수께서 자기의 능력의 천사들과 함께
하늘로부터 불꽃 가운데에 나타나실 때에 하나님을 모르는
자들과 우리 주 예수의 복음에 복종하지 않는 자들에게 형벌을
내리시리니 이런 자들은 주의 얼굴과 그의 힘의 영광을 떠나
영원한 멸망의 형벌을 받으리로다 그 날에 그가 강림하사
그의 성도들에게서 영광을 받으시고 모든 믿는 자들에게서
놀랍게 여김을 얻으시리니 이는 (우리의 증거가 너희에게
믿어졌음이라)(살후 1:6-10).

사탄의 계략

성경에서 다가올 심판을 더없이 분명하게 기록해 두었는
데, 왜 그리스도인이라고 밝히면서 그런 구절은 무시하는 사

람이 그토록 많은 것일까? 최근 조사를 보면 대부분의 현대 그리스도인들이 더 이상 사탄이나 악마를 믿지 않는다. 하지만 성경은 사탄이 정말로 있다고 가르친다.[2] 당신이 사탄의 존재를 믿는 사람이라고 가정하고서 묻겠다. "사탄은 우리가 다가올 심판을 의심하기를 바랄까, 의심하지 않기를 바랄까?"

당연히 전자일 것이다. 심판은 모든 인간에게 가장 두렵거나 가장 영광스러운 순간이다. 하지만 우리는 심판을 거의 생각하지 않는다. 그것은 지난 몇십 년간 사탄이 우리의 관심을 다른 곳으로 돌려 심판에 대한 경각심을 갖지 못하게 만드는 데 성공했기 때문이다. 사람들에게 소리 높여 심판의 날을 경고하는 사람을 마지막으로 본 적은 언제인가?

이는 우리가 다 반드시 그리스도의 심판대 앞에 나타나게 되어 각각 선악간에 그 몸으로 행한 것을 따라 받으려 함이라 우리는 주의 두려우심을 알므로 사람들을 권면하거니와 우리가 하나님 앞에 알리어졌으니 또 너희의 양심에도 알리어지기를 바라노라(고후 5:10-11).

사탄이 지독하게 노력했는데도 "주의 두려우심"을 알고

"사람들을 권면"하는 신자들이 아직 상당히 남아 있다. 비록 그 수는 줄어들었지만 자신이 "그리스도의 심판대 앞에 나타나게" 되리라는 사실을 믿고서 경각심을 갖고 살아가는 신자들이 여전히 많다. 당신이 사탄이라면 어떤 방법으로 그들을 낙심시키겠는가? 나라면 그들이 하나님이 말씀하신 구원의 증거를 얻지 못하도록 막을 것이다.

그 증거는 바로 연합이다.

오직 너희는 그리스도의 복음에 합당하게 생활하라 이는 내가 너희에게 가 보나 떠나 있으나 너희가 한마음으로 서서 한뜻으로 복음의 신앙을 위하여 협력하는 것과 무슨 일에든지 대적하는 자들 때문에 두려워하지 아니하는 이 일을 듣고자 함이라 이것이 그들에게는 멸망의 증거요 너희에게는 구원의 증거니 이는 하나님께로부터 난 것이라(빌 1:27-28).

세상 사람들은 하나님의 진노와 멸망을 믿지 않지만, 하나님은 심판이 오고 있다는 사실을 증명할 방법이 있다고 말씀하신다. 그리스도인들이 "한마음으로 서서 한뜻으로 협력"하여 담대히 복음을 전한다면 그것이 "그들에게는 멸망의 증거"가 된다. 그래서 내가 사탄이고, 내 목표가 사람들이 너무 늦을 때까지 하나님의 심판을 의심하게 만드는 것이라면 내가 사용할 방법은 분명하다. "교회를 분열시키라! 교회를 무력화하라! 그러면 결국 신실한 그리스도인들도 마침내 낙심할 것이다!"

잃어버린 영혼을 향한 마음으로

내가 예수님의 십자가 보혈을 믿은 때는 십 대 시절이었다. 그때부터 친구들에게 하나님의 용서를 전하고 다가올 심판에 관해 경고했다. 사람들에게 예수님을 전하러 다니느라 수업도 빼먹을 정도로 열정적이었다. 내가 기독 동아리로 데려와 예수님에 관해 듣게 한 친구가 족히 100명은 될 것이다. 나는 전교생이 복음을 듣게 될 날을 꿈꾸었다. 자나깨나 친구들을 전도할 생각뿐이었다.

하지만 시간이 지날수록 이 사명에서 점점 멀어졌다. 같은 그리스도인들과 보내는 시간은 많아지고 믿지 않는 친구들과 어울리는 시간은 점점 줄어들었기 때문이다. 우리는 하나님이 명령하신 일을 하자고 서로 격려하지 않고, 만나면 커피나 마시고 잡담을 하며 시간을 보내기 시작했다. 사명을 무시할수록 진정한 연합에서 멀어져 갔다.

공동의 사명을 바라보아야만 연합을 향해 나아갈 수 있다. 지금 아내와 나는 연합되어 있다. 그것은 우리가 하나 됨을 위해 노력해서라기보다는 이 땅에서 같은 목적을 함께 바라보기 때문이다. 우리는 불신자들에게 다가가고 가난한 사람들을 돌보고 사역을 위해 신자들을 훈련시킨다는 공동의 목표를 향해 함께 달려간다. 이렇게 공동의 목표를 추구하면 그 부산물로 연합이 이루어진다. 27년간의 행복한 결혼 생활 내내 '하나 됨'은 언제나 사명의 부산물로 찾아왔다.

사명에서 눈을 떼고 우리 자신이나 서로를 바라볼 때 갈등이 틈타기 시작한다. 부부 사이만 그런 것이 아니라 교회 안에서도 그렇다.

많은 교회가 목적 없는 가정처럼 존재의 이유를 망각하고 있다. 그 교회들은 잃은 양들의 울음소리보다 교인들의 불평에 더 귀를 기울인다. 지옥으로 향하는 사람들보다 다른 교회로 떠나는 사람들을 더 안타까워한다. 메시아를 거부하는 사람들보다 우리를 거부하는 사람들 때문에 더 속상해한다면 큰 문제가 있는 것이다.

바울은 복음 전파에만 온 신경이 쏠려 있었기 때문에 심지어 그릇된 동기로 복음이 전해질 때도 기뻐할 수 있었다.

어떤 이들은 투기와 분쟁으로, 어떤 이들은 착한 뜻으로
그리스도를 전파하나니 이들은 내가 복음을 변증하기 위하여
세우심을 받은 줄 알고 사랑으로 하나 그들은 나의 매임에
괴로움을 더하게 할 줄로 생각하여 순수하지 못하게 다툼으로
그리스도를 전파하느니라 그러면 무엇이냐 겉치레로 하나
참으로 하나 무슨 방도로 하든지 전파되는 것은 그리스도니
이로써 나는 기뻐하고 또한 기뻐하리라(빌 1:15-18).

바울은 상황이 얼마나 긴박한지 잘 알았다. 그래서 진정
한 복음이 전파되기만 하면 자신의 기분이야 어떠하든 상관
없다고 생각했다. 사람들이 일부러 공격해 왔지만 그는 전
혀 신경 쓰지 않았다. 그저 복음만 잘 선포되면 그만이었다.

하나님을 떠나 영원을 보내는 것보다 더 위험한 상황은
없다. 우리에게 불신자들의 운명을 걱정하는 마음을 회복시
켜 주시는 하나님의 은혜가 절실히 필요하다. 그들을 진정
으로 걱정한다면 그들에게 예수님을 전하기 위해 서로의 차
이를 접어 두고 힘을 합칠 수밖에 없다.

내게 더 좋은 아이디어가 있다?

때로는 교회들의 연합이 불가능한 꿈처럼 느껴진다. 그래서 우리는 가능해 보이는 목표들을 추구한다. 온 교회가 하나가 되면 세상에 큰 영향을 미칠 수 있다는 것은 알지만 그런 연합은 여전히 너무도 멀게만 보인다. 그래서 불신자들의 관심을 끌 다른 방법들을 찾는다. 하나님의 방법은 너무 힘들어 보인다. 그래서 '더 좋은' 아이디어를 내놓는다. 이런 사고를 특히 조심해야 한다. 이는 사울이 저질렀던 죄만큼이나 위험해 보인다. 사울은 그 일로 왕좌를 잃는 대가를 치러야 했다.

사무엘상 13장에서 사무엘은 하나님이 사울에게서 나라를 빼앗아 그분의 마음에 맞는 다른 사람에게 줄 것이라고 선언한다. 하지만 불과 두 장 전만 해도 하나님의 영이 사울에게 임하자 그가 온 이스라엘 백성을 하나로 모아 적들을 상대로 큰 승리를 거둔 장면이 등장한다.

10장과 11장에서는 남들에게 비판을 받고도 흔들리지 않는 사울을 볼 수 있다. 그는 기회가 왔는데도 복수하지 않기로 선택한다. 또한 큰 승리를 허락하신 하나님께 영광을 돌리고 화목제를 드리며 그분 앞에서 기뻐한다. 그는 누구보다도 뛰어난 리더이자 지혜로운 인물로 보인다. 그러던 그가 왜 그렇게 무너진 것일까?

13장을 보자. 사울이 블레셋 군대와 전쟁을 치르기 직전
이었다. 그전에 사무엘은 7일 뒤에 와서 군대가 전쟁에 나
서기 전에 제사를 지내 하나님의 도우심을 구할 것이라고
사울에게 말해 놓은 상태였다. 사울은 사무엘이 말한 7일을
기다렸지만 사무엘은 오지 않았다. 사람들은 기다림에 지
쳐 갔고, 사울은 제사를 드리지 않은 채로 전쟁에 나서고 싶
지 않았다. 그래서 참다못한 사울은 결국 직접 제사를 관장
했다.

지극히 상식적인 결정처럼 보이지 않는가? 내가 볼 때는
그렇다. 분명 사무엘은 늦었고 사울은 전쟁을 치러야 했다.
하지만 그 제사를 지내지 않고서 전쟁에 나서지 말아야 한다
는 것을 잘 알았다. 나도 그런 상황에 처하면 똑같은 결정을
내릴 것 같다. 그렇게 하는 것이 지극히 상식적인 결정처럼
느껴진다.

하지만 상황을 바라보는 하나님의 시각은 전혀 달랐다.
하나님은 사무엘을 보내 사울의 어리석음을 꾸짖고 이 불순
종 때문에 그의 왕조가 지속되지 않을 것이라고 말씀하셨
다. 충분히 이해해 줄 만한 실수에 너무 가혹한 형벌을 내리
신 것처럼 보인다.

15장에서도 아주 흡사한 시나리오를 볼 수 있다. 사울은 아말렉을 쳐서 모든 것, 심지어 가축까지 모두 죽이라는 명령을 받았다. 하지만 일부 짐승들의 상태가 정말 좋은 것을 본 사울과 군사들은 하나님께 제물로 바칠 요량으로 그중 가장 좋은 놈들을 살려 두었다. 이번에도 꽤 합리적인 결정처럼 보인다. 이기적인 탐욕으로 가축들을 빼돌린 것도 아니고 하나님께 제물로 바치겠다고 남겨 둔 것인데 그것이 그렇게 큰 잘못인가? 게다가 제물로 바치는 것도 결국 죽이는 것이지 않은가. 하지만 이 소식을 듣고 사무엘은 전혀 뜻밖의 반응을 보였다.

여호와께서 번제와 다른 제사를 그의 목소리를 청종하는 것을 좋아하심같이 좋아하시겠나이까 순종이 제사보다 낫고 듣는 것이 숫양의 기름보다 나으니 이는 거역하는 것은 점치는 죄와 같고 완고한 것은 사신 우상에게 절하는 죄와 같음이라 왕이 여호와의 말씀을 버렸으므로 여호와께서도 왕을 버려 왕이 되지 못하게 하셨나이다(삼상 15:22-23).

존 스나이더는 이렇게 말했다. "혁신, 전통, 성실, 희생, 좋은 의도, 이 가운데 어떤 것도 하나님이 원하시는 예배 방식에 대한 순종을 대신할 수 없다."³ 겉으로 보면 사울의 실수는 그리 심각해 보이지 않는다. 하지만 그 속을 들여다보면 아주 심각한 마음의 문제가 드러난다. 사울은 하나님의 말씀을 경외심으로 대하지 않았다. 하나님의 지시에 자신의 논리를 조금 '더하는' 것이 적절하다고 판단한 것이다.

이 이야기의 교훈은 인간의 이성에 따라 하나님의 명령에 가감을 하는 것은 그것이 아무리 좋거나 논리적으로 보여도 결코 적절하지 않다는 것이다. 이런 행동의 뿌리에는 교만이 있다. 하나님이 놓친 무언가를 우리의 지혜로 고려해서 채워 넣어야 한다는 생각이 있다. 하나님은 이런 주제넘은 생각을 우상숭배로 여기신다.

오늘날 교회 안에 이런 오만하고 우상숭배적인 정신이 만연해 있다. 사울처럼 좋은 의도와 실용주의를 표방하고 있지만 속은 썩어 있다. 하나님은 함께 연합해서 노력하면 다 된다고 분명히 말씀하셨지만 우리는 자꾸만 인간의 논리로 새로운 방법들을 만들어 낸다.

왜 우리가 하나 되는 모습이 불신자들이 다가올 심판과 우리의 구원을 믿도록 만드는지는 나도 모른다. 솔직히 이해가 가질 않는다. 하지만 내 본분은 그 이유를 알아내는 것이 아니다. 내 본분은 순종하는 것이다. 사울도 왜 아말렉의 모든 가축을 죽여야 하는지 이해하지 못했을 것이다. 하지만 하나님이 명령하셨다는 사실만으로 충분하지 않은가. 이해되지 않아도 상관없이 순종하는 것이 예수님을 '주인'이요 '왕'으로 받아들인다는 것의 의미다.

믿지 못해서 순종하지 못한다

우리는 사실상 혁신을 숭배하는 시대에 살고 있다. 우리는 항상 뭐든 더 효율적이고 효과적이고 매력적으로 만들 방법을 찾는다. 세상이 이런 방식으로 성공을 거두는 것을 본 교회도 비슷한 '성공'을 거두기 위해 사역에 똑같은 전술을 적용하기 시작했다(물론 좋은 의도로 그렇게 했다고 믿는다). 그래서 콘서트, 연극, 스포츠, 예배 시간 단축, 아이 돌봄방 운영 등 사람들의 발걸음을 교회로 끌기 위한 수만 가지 혁신적인 방법들이 개발되었다.

내가 걱정하는 것은 우리가 부지불식간에 하나님의 명령을 무시하고 인간의 논리를 내세우는 위험천만한 습관에 빠져든 것이 아닌가 하는 것이다. 예를 들어, 우리 교회에 기독교인인 세계적 음악가를 초청해 콘서트를 열면 사람들이 몰려오고 심지어 기독교에 큰 거부감이 없는 불신자들도 찾아올 것이 분명하다. 콘서트 중간에 내가 복음을 간단히 전하고 예수님을 영접하라고 초대하면 꽤 좋은 반응이 올 것이라고 장담할 수 있다. 반면, 내가 몇몇 신자들에게 가족과 같은 사람이 되어 주기로 결심하고서 그 관계들에 수년의 시간과 노력을 쏟아부어도 과연 그런 연합으로 인해 단 한 명의 불신자라도 예수님께로 나아올지 내 머리로는 잘 모르겠다. 그저 하나님의 약속 하나에만 모든 희망을 거는 수밖에 없다.

이 두 가지 선택 사항을 생각하면 인간의 머리에 무엇이 더 합리적일지는 빤하다. 많은 사람이 여기까지만 생각하고 결정을 내려 버린다. 하지만 다음 사실을 더 고려할 것을 강권한다.

* 성 주위를 일곱 번 돌고 나팔을 부는 것이 성을 점령하기 위한 가장 효과적인 방법처럼 들리는가?
* 겨우 물매 하나를 든 작은 목동이 거인 전사를 무찌를 적임자로 보이는가?

계속해서 예를 들 수 있지만 이쯤 하면 무슨 말인지 알리라 믿는다. 하나님은 사람들에게 전혀 논리적이지 않은 방법을 처방하실 때가 많다. 만약 우리의 머리로 이해가 간다

내가 걱정하는 것은

우리가 부지불식간에

하나님의 명령을 무시하고

인간의 논리를 내세우는

위험천만한 습관에

빠져든 것이 아닌가 하는 것이다.

면 믿음이 필요하지 않을 것이다. 그리고 믿음 없이는 하나님을 기쁘시게 할 수 없다(히 11:6).

하나님의 길은 우리의 길과 다르다. 하나님은 우리에게 전략을 세우라고 명령하시지 않았다. 그냥 순종하라고 명령하셨다. 이렇게 간단하다. 그렇다면 왜 우리는 순종하지 않는가? 당신은 어떤지 모르겠지만 내가 대개 하나님의 계획을 끝까지 따르지 못하는 이유는 잘 알고 있다. 바로 그분을 믿지 못하기 때문이다.

예수님의 간절한 기도 제목

다음의 짧은 말씀 안에는 기적이 아니면 믿기가 불가능한 진리들이 가득하다. 찬찬히 이 구절을 읽기를 바란다. 그러고 나서 이것이 정말로 가능하다고 믿는지 스스로에게 물어보라.

내가 비옵는 것은 이 사람들만 위함이 아니요 또 그들의 말로 말미암아 나를 믿는 사람들도 위함이니 아버지여, 아버지께서 내 안에, 내가 아버지 안에 있는 것같이 그들도 다 하나가 되어 우리 안에 있게 하사 세상으로 아버지께서 나를 보내신 것을

믿게 하옵소서 내게 주신 영광을 내가 그들에게 주었사오니

이는 우리가 하나가 된 것같이 그들도 하나가 되게 하려

함이니이다 곧 내가 그들 안에 있고 아버지께서 내 안에 계시어

그들로 온전함을 이루어 하나가 되게 하려 함은 아버지께서

나를 보내신 것과 또 나를 사랑하심같이 그들도 사랑하신 것을

세상으로 알게 하려 함이로소이다(요 17:20-23).

이 기도에서 몇 개의 문장을 살펴보고자 한다. 하지만 먼저 이 기도를 하고 계신 분이 누구신지 생각하기를 바란다. '아버지께서는 모든 충만으로 예수 안에 거하신다'는 사실을 잊지 말라(골 1:19). 따라서 연합을 호소하는 이 음성은 다름 아닌 하나님의 음성이다. 나는 항상 이 기도를 흥미롭게 여겼지만 항상 문자 그대로 진지하게 받아들이지는 못했다.

"그들도 다 하나가 되어"

예수님은 신자들이 "다" "하나"가 되게 해 달라고 기도하신다. 솔직히 말해 보자. 당신의 살아생전에 이런 일이 일어날 것이라고 생각하는가? 나는 우리가 이런 연합 쪽으로 걸음마만 떼도 기적이라고 생각할 때가 많다. 모든 신자가 한배를 탈 수 있다는 사실을 믿기에는 내 믿음이 턱없이 부족

하다. 나는 지독히 비판적이고 분열이 몸에 밴 사람들을 많이 안다. 그들은 오랜 세월 동안 그런 식으로 살아왔기 때문에 도무지 변할 기미가 보이지 않는다.

바로 여기에 내 문제점이 있다. 나는 자꾸만 사람을 본다. 여기서 관건은 사람들에게 연합하라고 말하는 것이 아니다. 관건은 예수님이 기도하신 것처럼 기도하는 것이다. 내 불신은 어떻게 하면 사람들을 설득할 수 있을까만 고민하고 믿음으로 기도하는 시간은 갖지 않는 데서 비롯한다. 과연 하나님이 하시기에 너무 어려운 일이라는 것이 있을까? 그러니 예수님이 하신 것처럼 "그들도 다 하나가" 되게 해 달라고 기도하자. 우리의 기도가 우리 모두를 바꿔 놓을 수 있다고 믿자.

"아버지께서 내 안에, 내가 아버지 안에 있는 것같이"

정말 삼위일체 하나님처럼? 앞서 우리는 삼위일체 하나님의 신성한 신비를 살펴보았다. 영원 전부터 쭉 지속되어 온 온전한 연합. 예수님은 단순히 우리가 서로 싸우지 않고 잘 지내게 해 달라고 요청하시는 것이 아니다. 단순히 우리가 서로에게 조그만 사랑이라도 가지게 해 달라고 요청하시는 것이 아니다. 예수님은 자신과 하나님 사이의 연합과 비숫한 수준의 하나 됨을 위해 기도하신다. 모든 신자와는 고사하고 단 한 명의 신자하고라도 이런 연합이 가능할 것 같다는 생각을 해 본 적이 있는가?

"그들도 …… 우리 안에 있게 하사"

이 구절을 읽고도 아무 감흥이 없다면 그 마음은 단단히 잘못되어 있는 것이다. 지금 예수님은 우리와 하나가 되고 싶다고 말씀하신다. 예수님은 그분과 연합한 제자들로서 우리가 어떤 의미에서 삼위일체와 연결되게 해 달라고 기도하고 계신다. 내 머리로는 솔직히 이해는커녕 짐작조차 가지 않는다.

하지만 어쨌든 우리가 연합해 아버지와 아들 "안에" 있는 것이 예수님의 기도 제목이라면 어찌 우리가 연합을 가볍게 생각할 수 있겠는가. 물론 평생 거부만 당하며 살아온 사람들이라면 이런 하나 됨을 상상하기가 실로 어렵다. 하지만 예수님의 이 간구를 의지하면 우리가 경험해 본 그 어떤 연합보다도 강력하고 아름다운 연합을 경험할 수 있다.

"내게 주신 영광을 내가 그들에게 주었사오니"

이것이 우리가 그리스도와 연합하고 우리끼리 연합하게

만드는 열쇠다. 예수님은 우리에게 영광을 주셨다. 나는 인간의 타락을 강조하는 교단 출신이다. 타락을 강조하는 것자체는 전혀 나쁘지 않다. 그렇게 하면 우리 안에 하나님의은혜를 받을 만한 선한 것이 하나도 없다는 사실을 망각하지않을 수 있다. 문제는 우리 교단이 인간의 타락에만 초점을 맞춘 나머지 우리에게 입혀 주신 영광을 놓고 하나님을 찬양하는 일을 소홀히 했다는 것이다. 그리스도는 우리를 아름답게 지으셨다. 그리고 십자가 덕분에 이제 우리는 하나님의 거룩하고 흠 없는 자녀. 부활하신 그리스도께서 우리에게 그분의 영광을 주셨다. 자신과 남들의 죄만 바라보면우리가 가진 영광을 보지 못한다.

"그들로 온전함을 이루어 하나가 되게 하려"

온전함? 다들 천국에 가기 전까지는 온전함에 이를 수없다고 말한다. 하지만 그렇다면 예수님이 "아버지께서 나를 보내신 것과 또 나를 사랑하심같이 그들도 사랑하신 것을 세상으로 알게 하려 함이로소이다"라는 말씀으로 이 문장을 마무리하시지 않았을 것이다. 예수님은 온 세상이 지금 여기서 우리가 온전하게 연합하는 것을 보리라고 말씀하신다. 우리의 온전한 연합은 예수님이 아버지께 보냄을 받았고 아버지가 예수님을 "사랑하심같이" 우리를 사랑하신다는 증거다.

이 모든 것을 어떻게 믿을 수 있는가? 믿기에는 너무 엄청난 소리처럼 들린다. 모든 신자는 성부와 성자처럼 온전한 하나가 되도록 그리스도의 영광을 받았다. 세상은 우리가 하나님과 그리고 우리 서로가 온전한 연합을 이룬 모습을 보고 예수님이 메시아이시며 우리가 하나님께 무한한 사랑을 받고 있다는 사실을 믿게 될 것이다. 이 모두는 너무 엄청나서 믿기가 힘들다. 이 약속은 너무 영광스럽게 들리고, 이 약속을 거스를 만한 걸림돌들은 너무 거대해 보인다. 하지만 우리가 이런 연합을 위해 싸우는 것 외에 다른 선택 사항이 있는가? 계속해서 광야에서 방황하고 싶은가?

우리는 이 연합을 우리의 약속의 땅으로 보아야 한다. 예수님의 십자가 덕분에 이제 이 연합을 믿기가 훨씬 더 쉬워졌다. 물론 지금 교회는 너무 심하게 분열되어 있어서 온전한 하나가 된다는 것은 말이 안 되는 듯 보인다. 하지만 세상에 십자가보다 더 말이 안 되는 것이 있는가. 명심하라. 우리는 우리를 가까이 부르기 위해 아들을 십자가에서 죽게 하신 하나님을 믿고 있다.

그런 분이 우리 모두를 하나로 연합시킬 길을 찾으실 것이라는 사실을 믿기가 왜 어려운가? 이 하나 됨은 그분의 기도 제목이었다. 이 하나 됨은 단순히 '우리'가 원하는 것이 아니다. 우리를 원하셔서 방법을 찾으신 하나님이 또한 세상을 변화시키기 위해 우리가 연합하기를 원하신다. 그렇기 때문에 그분이 우리를 하나로 묶을 방법을 찾으시리라 믿을 수 있다.

이 연합이 얼마나 엄청나고 중요한 일인지 이해가 가는가? 이것은 단순히 엄마가 하라고 하니까 꼴 보기 싫은 동생과 잘 지내려고 노력하는 차원의 문제가 아니다. 이 연합은 '온 세상이 예수님을 믿는 것'에 대한 문제다. 이 연합은 이토록 거대한 목표다. 그리고 이 연합이 자신이 진정으로 어떤 분인지를 온 세상에 보여 주시기 위한 예수님의 계획이다.

내가 그리스도인으로서 덜 창피하기 위해 겉으로라도 연합한 척하라고 말한다면 당신에게 의욕이 덜 생길 수도 있을 것이다. 하지만 이제 당신은 예수님을 따르는 제자들의 깊고도 온전한 연합이 '온 세상에 자신을 보여 주기 위한 예수님의 계획'이라는 사실을 알게 되었으니, 그런 만큼 연합하고자 하는 당신의 의욕이 하늘을 찌르게 되리라 기대한다.

이름 모를 군중이 예수님을 영접하는 것이 아니라고 생각하면 좀 도움이 될 것이다. 군중에 이름을 붙여 보라. 이를테면 아직 믿지 않는 당신의 아버지나 여동생, 사촌, 단짝 친구, 동료 등. 그들이 진정으로 하나 된 교회를 보고서 예수님이 정말로 스스로 주장하셨던 바로 '그분'이라는 사실을 깨닫는다고 상상해 보라. 그들이 단순히 그리스도와 은혜와 자비, 희생에 관한 설교를 듣는 것이 아니라 이 사랑을 서로에게 실천하는 신자들을 직접 본다고 상상해 보라. 그러면 마침내 그들의 눈이 뜨일 것이다. 어떤가? 이제 이 연합을 위해 희생할 가치가 있다고 느껴지지 않는가?

다른 그 어떤 전도 방식에도 이토록 강력한 약속이 딸리지는 않는다. 우리에게 방법을 선택할 자유는 있다. 하지만 솔직히 내 전략들이 예수님의 방식보다 낫다고 생각했던 지난날을 생각하면 얼굴이 화끈거린다.

연합을 위한 우리의 시도가 번번이 실패한 것은 바로 이런 목적의식이 빠졌기 때문이 아닐까 싶다. 이 책의 첫머리에서 말했듯이 아내와 나는 예수님이 주신 공동의 사명을 위해 나란히 서서 같은 방향을 바라보며 싸우는 덕분에 좀처럼

'서로' 싸우지 않는다. 공동의 사명은 연합을 가져온다.

우리는 고린도전서 12장 14-26절에서 바울이 하지 말라고 경고한 행동을 할 때가 너무도 많다. 우리는 그리스도 몸의 다른 지체를 보며 "너 따위는 필요하지 않아!"라고 말한다. 우리가 분열하면 바로 이렇게 말하는 것과 다름없다. 물론 우리의 교리와 신념은 중요하다. 성경의 가르침에 관한 자신의 신념을 버리라고 말하는 것이 아니다.

다만 여기서 바울의 요지는 요한복음 17장에 실린 예수님의 기도와 하나로 연결되어 있다. 즉 바울은 우리가 하나님이 뜻하신 대로 기능하려면 몸의 모든 지체가 필요하다고 말한다. 분열은 그저 꼴사나운 것이 아니라 기능 장애를 일으킨다. 우리 몸에 반드시 필요한 지체들을 마구 잘라내서 버리면 이 세상에서 하나님이 원하시는 역할을 제대로 감당해 낼 수 없다.

사명에 시선을 고정하고 이 사명을 이루기 위해서는 서로가 필요하다는 사실을 늘 기억해야 한다. 물론 무엇보다도 성령의 능력이 필요하다. 바로 이것이 고린도전서 12장에서 바울이 말하는 요지다. 즉 성령은 '교회 전체'에 은사와 능력을 분배해 주신다. 따라서 연합이 흐트러지면 우리를 통해 성령의 능력이 온전히 나타나지 않고, 그렇게 되면 사

사명에 시선을 고정하고
이 사명을 이루기 위해서는
서로가 필요하다는 사실을
늘 기억해야 한다.

명을 완성하는 길은 점점 더 멀어질 수밖에 없다.

이보다 더 좋은 계획은 없다

하나님의 방식을 선택한다고 해서 반드시 많은 사람이
따라오는 것은 아니다. 오히려 적지 않은 사람들이 등을 돌
리고 떠나갈지도 모른다. 하지만 나는 사울과 같은 실수를
저지르고 싶지 않다. 세상 흐름의 압박을 견디지 못하고 결
국 다른 방식으로 돌아서는 실수도 범하고 싶지 않다. 사울
이 몇 시간만 더 기다렸다면 몇몇 추종자는 잃었을지언정 하
나님의 은총을 잃지는 않았을 것이다.

예수님은 우리가 온전히 하나가 되면 그분이 하나님이
보내신 분이며 하나님이 아들을 사랑하는 것만큼이나 세상
을 사랑하신다는 사실을 세상이 진정으로 믿을 것이라고 말
씀하셨다. 그렇다면 이 연합이 아무리 힘들고 비합리적이고
불편해도 나는 그것을 추구하기를 멈추지 않을 것이다.

다른 전도 방식들을 절대 활용하지 말아야 한다는 뜻이
아니다. 다만 성경이 전도의 방식으로 이 연합을 제시하고
있기 때문에 연합을 향해 나아가려는 노력을 우선시해야 한
다. 교회가 연합되어 있지 않으면 우리가 전하는 복음의 메

시지는 불완전할 수밖에 없다. 하나 되는 것보다 더 좋은 계획은 없다.

until

unity

Part 2

깊은 분열의 골마다
연합의 바람이 일다

성령이 묶어 주신 것을 지키는 싸움

chapter 4

뼈아픈 회개,
'연합의 긴 여정'의
물꼬를 트다

† 내 안의 숨은 교만과 헛된 바람들 †

혹시 당신이 문제인가?

솔직히 이 책을 쓰기 시작할 때만 해도 교회를 분열시키는 자들에게 일침을 가할 생각이었다. 하지만 집필을 시작한 지 얼마 되지 않아 하나님은 내 말과 행동이 이 분열의 문제를 얼마나 악화시켰는지를 똑똑히 보여 주셨다. 그래도 처음에는 내가 예전에만 그랬지 지금은 완전히 달라져 새사람이 되었다고 생각했다. 하지만 성경을 공부할수록 내게 뜯어고쳐야 할 구석이 아직도 수두룩하다는 사실이 더욱 분명히 눈에 들어왔다.

무슨 말이냐면, 다른 누군가가 분열을 일으켰다고 생각하지 말자는 것이다. 회복은 회개에서 시작된다. 우리 모두는 자신의 맹점을 밝혀 달라고 하나님께 기도해야 한다.

하나님이여 나를 살피사 내 마음을 아시며 나를 시험하사 내 뜻을 아옵소서 내게 무슨 악한 행위가 있나 보시고 나를 영원한 길로 인도하소서(시 139:23-24).

'처음 배운 것'만 고집하는 자세

나는 한 침례교회에서 처음 예수님과 사랑에 빠졌다. 당시 중고등부 전도사님은 십자가 역사를 명쾌하게 설명해 주었고, 몇몇 교인은 나를 가족처럼 사랑해 주었다. 한 부부는 내가 마땅히 살 곳을 찾지 못할 때 기꺼이 자신의 집 문을 열어 주었다. 참으로 놀랍고 행복한 나날이었다. 그 교회 안에서 내 삶은 하루가 다르게 변해 갔다. 그 교회를 만나고 속하게 해 주심에 하나님께 감사하고, 40년 전 그 시절 나를 아끼고 사랑해 주었던 분들 가운데 몇 명과는 지금도 연락을 하며 지내고 있다(이 자리를 빌려 스탠, 켄, 마이크, 비키, 데비, 신디, 토드, 돈에게 고맙다는 말을 하고 싶다).

그 교회를 통해 수많은 은혜를 경험했기 때문에 나는 그 교회의 신학을 그대로 받아들였다. 일절 의구심을 품지 않았다. 왜 그랬을까? 그 교회는 내가 예수님, 진리, 생명, 사랑을 발견한 곳이었기 때문이다. 그 교회의 교리를 조금이라도 의심하는 것은 많은 빚을 진 사람들에게 배은망덕하게 구는 것이라고 생각했다.

나중에 신학교에 들어가서는 성경을 연구하고 가르치는 법을 배웠다. 이번에도 내게 성경을 연구할 도구들을 준 학교에 깊은 고마움을 느꼈다. 특히 한 교수 부부는 내게 신학을 가르쳐 주었을 뿐 아니라 진심으로 나를 돌봐 주었다. 이번에도 나는 도리 차원에서 그곳에서 배운 교리를 모두 그대로 받아들였다.

신학교를 졸업하고 몇 년이 지나서, 내가 배운 것과 다른 교리를 믿는 그리스도인들을 만나기 시작했다. 철저한 은사 중단론자(cessationist)로서 나는, 그리스도인이라면서 방언을 하거나 초자연적인 예언의 은사를 지녔다는 사람만 보면 코웃음을 치고 인상을 찌푸렸다. 그런 사람들을 모두 무지하고 위험한 인물들로 여겼다. 그러다 그들 가운데 몇 명과 친해졌다.

그런 부류에서 처음 친해진 사람들 가운데 하나가 잭 헤이포드 목사다. 당시 빈민가를 섬기는 한 사역 단체의 이사회에 참여했는데 잭 헤이포드도 그 이사회 임원이었다. 그의 이름이 내가 다닌 신학교에서 자주 거론되었기에 나는 그에게 많은 선입관을 갖고 있었다. 또 당시 나는 초자연적인 은사를 믿는 사람들은 게을러서 성경을 연구하지 않는다는 편견도 갖고 있었다. 그들을 성경을 깊이 연구하지도, 성경의 명령에 순종하지도 않고 그저 하나님에게서 오는 환상만 좇는 자들이라고 치부했다.

그런데 잭 헤이포드와 교류하면서 그가 누구보다도 예수

님을 깊이 사랑하고 성경을 열심히 연구하는 사람이라는 것을 알게 되었다. 그의 설교를 처음 들을 때 필시 얄팍한 신학이 적나라하게 드러날 것이라고 속단했다. 내 신학적 수준의 발끝도 따라오지 못할 것이라고 생각했다. 하지만 그가 역사적 배경을 제시하고 히브리어 원문을 분석하면서 한 구약 본문을 강해하는 것을 보고 큰 충격을 받았다. 오히려 내 일천한 학문적 소양으로는 도저히 따라가지 못할 수준이었다. 그 순간, 굳건했던 내 패러다임이 산산이 깨졌다.

그뿐만 아니라 계속해서 교류하면서 그의 인격을 피부로 느낄 수 있었다. 그에게 사랑과 희락, 화평, 오래 참음 같은 성령의 열매가 가득 넘치는 것을 분명히 알 수 있었다. 물론 나는 성경을 연구하지 않고 죄를 대수롭지 않게 여기는 은사주의 계열의 인사들을 많이 만났다. 하지만 정반대 모습을 보이는 인물들도 많이 만났다. 그들이 꾸준히 성경을 강해하는 것을 들으면서 그들의 신학이 한때 내가 생각했던 것만큼 어리석지 않다는 것을 느꼈다.

그전까지는 편협한 시각으로 그들을 맹목적으로 반대하는 사람들을 통해서만 그들의 신학을 접했다. 그들과 직접 이야기를 나누거나 그들의 저서를 직접 읽어 본 적은 없었다. 하지만 그렇게 하고 나서는 그들의 신학을 제대로 알 뿐 아니라 그들의 가르침 가운데 일부에 수긍하게 되었다. 예를 들어, 고린도전서 14장 39절에서 사도 바울은 이렇게 말한다. "그런즉 내 형제들아 예언하기를 사모하며 방언 말하기를 금하지 말라." 지금은 왜 은사주의에서 이 구절을 문자 그대로 예언을 사모하고 방언을 금하지 말아야 한다는 뜻으로 해석하는지 이해한다.

특히 지난 20년 사이에 나는 여러 다른 교단들의 많은 리더들과 교류했다. 그들 가운데 일부의 신학에 대해서는 의구심이 일었다. 그들의 장황한 답변을 듣고 나서도 그들의 결론을 다 받아들일 수는 없었다. 그럼에도 그들이 성경을 열심히 연구했다는 사실만큼은 인정할 수밖에 없었다.

때로는 내가 옳다고 99퍼센트 확신한 채로 그들과 대화를 시작했다가 그 확신이 70퍼센트쯤으로 줄어든 채로 자리에서 일어서기도 했다. 심지어 내가 틀렸다고 인정하면서(내가 정말 싫어하는 일!) 자리를 떠난 적도 있었다.

내 신학적 신념이 확고하지 않은 것은 전혀 아니다. 하지만 성경에 대한 내 해석을 늘 다시 검토해야 한다는 사실을 배워 가고 있다. 심지어 모든 면에서 나와 의견이 다른 사람에게서도 배울 수 있어야 한다.

예를 들어, 나는 원래 그리스도께서 성찬식에 실제로 임재하시지 않는다고 믿었다. 하지만 지금은 이 믿음이 잘못되었다고 90퍼센트 확신한다. 그리고 성찬식에 관한 가장 정확한 시각을 지닌 교단들은 그리스도의 실질적이지만 신비로운 임재에 놀라워하는 교단들이라고 70퍼센트 정도 확신한다. 화체설(化體說; 성찬식의 포도주와 떡이 실제 예수님의 피와 살로 변한다는 주장-옮긴이)은 맞지 않다고 65퍼센트 정도 확신한다. 은사에 관한 나의 은사중단론은 틀렸다고 95퍼센트 정도 확신한다.

분명 이런 말을 듣고 즉시 반박하며 비판하고 싶은 독자들이 있을 것이다. 충분히 이해한다. 나도 예전에는 그랬으니까 말이다. 나도 한때는 모든 은사주의자들이 피상적이고 위험한 이교도들이라고 생각했다. 한때는 모든 가톨릭 신자들이 구원을 받지 못한 우상숭배자들이라고 생각했다. 내가 은사주의 가톨릭 신자들과 친구가 되고 심지어 그들을 형제로서 사랑하게 될 줄은 꿈에도 몰랐다. 지금도 은사주의의 여러 교단과 가톨릭 전체의 교리에서는 받아들일 수 없는 점이 많다. 하지만 내가 친구로 삼은 이들과는 생각했던 것보다 훨씬 더 깊은 사랑과 연합을 나누고 있다.

나는 40년 전에 배운 신학의 기본을 지금도 여전히 고수하고 있다. 지금도 나는 따로 시간을 내 매일 홀로 성경을 읽는다. 지금도 여전히 그리스도를 믿는 믿음을 통해서만 은혜로 구원을 받는다고 믿는다. 나는 내 침례교 뿌리에서 크게 벗어나지 않았다. 하지만 내가 제대로 탐구하지 못한 주제들이 있다는 것을 깨달았다. 나는 '반대편'에 있는 사람들에게 배울 시간을 내지 않고 그저 처음 배운 것만 옳다고 고집했다.

내가 이런 이야기를 하는 것은 내가 모든 주제에 관해서 진리를 찾기 위한 여정에 있다는 말을 하기 위해서다. 이 여행은 지금도 계속되고 있다. 물론 확신하지 못하는 것은 가르치지 말아야 한다며 나를 비판하는 이들도 있을 것이다.

묻고 싶다. "내가 얼마나 확신해야 하는가? 100퍼센트? 90퍼센트? 아니면 51퍼센트?" 내가 풋내기 시절 100퍼센트 확신했던 교리들 가운데 지금은 의심이 가는 교리들이 적지 않다. 나이를 먹을수록 무엇에든 100퍼센트 확신한다는 말을 삼가게 된다.

내가 확신하는 몇 가지 사실은 내가 뭐든 "부분적으로" 안다는 사실이다(고전 13:12). 그래서 늘 겸손한 자세로 살아가려고 노력한다.

오늘날 많은 기독교계 리더십들이 스스로를 진리의 수호자로 여긴다. 그들은 이교도적인 은사주의자들과 오만한 개혁파(Reformed) 진영을 비롯해 자기 진영이 '적'으로 간주하는 모든 집단을 상대로 전쟁을 벌인다.

우리는 우리 진영 안에서만 똘똘 뭉쳐서 다음과 같은 중요한 질문을 던지지 않은 지 오래되었다.

"우리가 진정으로 진리를 찾고 있는가? 아니면 이미 믿는 것을 옹호하는 데만 급급해 있는가?"

다른 진리 혹은 우리 신학의 틀에 맞지 않는 말을 들을 때 우리는 어디에서 설명을 찾는가? 물론, 우리 진영의 사람들에게 찾아간다. 우리가 믿는 사람들(우리를 전도한 사람들이나 그들이 믿는 사람들)을 찾아간다. 물론 이것은 당연한 일이다. 하지만! 그들만 찾아간다면 한쪽의 주장만 들을 수밖에 없다.

당신에게 묻고 싶다. 당신 진영의 신학이 내가 믿는 신학보다 낫다고 그렇게 확신하는 이유는 무엇인가? 답은 바로 인식론, 즉 진리를 얻는 방식에 있다. 당신은 이 책을 읽고 있는 만큼 나처럼 성경을 진리의 기초로 믿고 있을 것이다. 이 사실에 대해 우리 모두의 의견이 같다면 왜 수많은 신학적 차이가 발생할까? 그것은 해석의 차이가 있기 때문이다.

그렇다면 당신은 누가 성경을 가장 잘 해석할 것이라고 생각하는가? 지능이 가장 뛰어난 사람? 논리력이 가장 앞선 사람? 가장 겸손하고 사랑이 넘치는 사람? 가장 성령이 충만한 사람? 이 부분에서 우리의 의견이 일치해도 여전히 우리는 막다른 골목에 봉착할 수밖에 없다. 어떤 사람의 해석을 들을지에 대해서 의견 합일을 보았다고 해도 이런 특성을 측정할 객관적인 방법이 없기 때문이다.

고린도전서 2장에 따르면 오만한 사람은 진리를 눈곱만큼도 알 수 없다. 바울은 1장에서 분열과 오만을 지적한 뒤에 2장에서 영적 진리를 오직 성령께 직접 배울 수 있다고 설명한다. 이 놀라운 말씀에서 그는 육에 속한 사람은 아무리 똑똑해도 영적 진리를 이해할 수 없다고 단언한다.

내가 이 말을 하는 것은 진리를 찾기 위해 열심히 연구하지 말라는 뜻이 아니다. 교만을 조심하라는 것이다. 우리는 자신이 모든 것을 안다고 의식적, 무의식적으로 믿을 수 있다. 다른 사람들이나 다른 교단들의 신념은 아무런 근거가 없다고 멋대로 판단해 버리고 나서 시각이 다른 사람과는 아예 대화조차 하지 않을 수 있다. 이런 유의 교만은 우리 귀를 닫아 진리의 성령의 말씀을 듣지 못하게 만들 뿐이다. 하나님은 겸손한 사람에게 은혜를 주시므로 가장 교만한 사람의 시각이 가장 정확하다는 것은 있을 수 없는 일이다.

고린도전서 13장에서 바울은 바로 이 점을 이야기한다. 이 유명한 사랑 장(章)에서 바울은 다음과 같이 말한다.

> 사랑은 언제까지나 떨어지지 아니하되 예언도 폐하고 방언도 그치고 지식도 폐하리라 우리는 부분적으로 알고 부분적으로 예언하니 온전한 것이 올 때에는 부분적으로 하던 것이 폐하리라 내가 어렸을 때에는 말하는 것이 어린아이와 같고 깨닫는 것이 어린아이와 같고 생각하는 것이 어린아이와 같다가 장성한 사람이 되어서는 어린아이의 일을 버렸노라 우리가 지금은 거울로 보는 것같이 희미하나 그 때에는 얼굴과 얼굴을 대하여 볼 것이요 지금은 내가 부분적으로 아나 그 때에는 주께서 나를 아신 것같이 내가 온전히 알리라(고전 13:8-12).

지금 우리가 하나님에 관해서 안다고 생각하는 것, 가장 탁월한 학자들이 하늘의 진리라며 파악한 모든 것은 기껏해야 진짜 진리가 거울에 희미하게 비친 것에 불과하다. 오늘날 우리가 쓰는 거울을 생각하면 안 된다. 얼굴의 형체만 겨우 볼 수 있는 반짝이는 금속 조각을 생각하면 된다. 우리의 지식은 그만큼 어린아이의 지식과 같다. 일시적일 뿐이다. 이 사실을 받아들일 수 없어 방어적이 된다면 지금 당장 자신의 마음을 점검해 봐야 한다. 정말로 당신이 하나님을 다 안다고 생각하는가? 정말로 당신의 신학이 100퍼센트 옳다고 생각하는가? 그렇다면 정말 큰일이다.

일 년 전쯤 장애아동들을 가르치는 교사와 이야기를 나눈 적이 있다. 그는 학생들에게 복음을 전하겠다는 열정으로 불타오르고 있었다. 그는 처음에는 말을 하거나 들을 수 없는 아이들에게 복음을 전하기 힘들다는 생각을 했다고 고백했다. 하지만 하나님은 그의 눈을 열어 그런 생각이 얼마나 어리석은지 보게 해 주셨다. 하나님이 자신과 눈높이를 맞춰 주기 위해서는 고개를 너무 많이 숙일 필요가 없다고 생각했는데, 깨닫고 나니 그것은 참으로 어처구니없는 생각이었다.

나는 하나님의 수준에 '더 근접해' 있고, 나만 한 능력을 갖추지 못한 사람들에게는 하나님이 눈높이를 맞출 수 없으시다고 생각하는가? 하나님이 나와 눈높이를 맞추기 위해서는 고개를 살짝만 숙이시면 되지만 다른 이들의 눈높이는 그분이 도무지 맞추지 못할 정도로 낮다고 생각하는가? 이 얼마나 구역질나게 교만한 생각인가? 나는 하나님이 하늘의 존재들과 내가 이해할 수 있는 수준에서 영어로 의사소통하는 상상을 하곤 했다. 하지만 실상은 전혀 다르다. 필시 하나님은 내가 도저히 알아들을 수 없을 만큼 높은 수준의 의사소통을 하실 것이다.

전에도 몇 번이나 말했듯이 나는 이 세대를 위한 가장 중요한 성경 구절 가운데 하나로 이사야 55장 8-9절을 꼽는다. 그 구절에서 하나님은 이렇게 말씀하신다.

"이는 내 생각이 너희의 생각과 다르며 내 길은 너희의 길과 다름이니라 여호와의 말씀이니라 이는 하늘이 땅보다 높음같이 내 길은 너희의 길보다 높으며 내 생각은 너희의 생각보다 높음이니라."

우리는 하나님이 얼마나 거룩하신 분인지를 망각해 왔다. 그래서 교회 안에서 교만의 문제가 곪아 터지기 직전이다. 하나님에 관한 우리의 지식은 모두 불완전하다. 하지만 우리는 이 사실을 깨닫지 못하고 저마다 하나님에 관한 자신의 의견이 옳다고 우기고 있다. 겸손하지 않으면 결코 하나 됨에 이를 수 없다. 더 중요한 사실은, 겸손하지 않으면 하나님과 올바른 관계를 맺을 수 없다는 것이다.

하나님에 관한 우리의 지식은

모두 불완전하다.

하지만 우리는 이 사실을 깨닫지 못하고

저마다 하나님에 관한

자신의 의견이 옳다고 우기고 있다.

겸손하지 않으면

결코 하나 됨에 이를 수 없다.

기독교 리더십들이 스스로를 진리의 수호자로 보는 대신, 교회의 연합을 수호하는 것을 하나님이 주신 사명으로 알고 산다면 상황이 어떻게 달라질지 상상해 보라. 나는 초대 교회 교부들에게서 이런 정신을 본다. 이런 정신은 더없이 아름답고 매력적이다. 의견 불일치가 심해지고 이단적인 교리가 교회를 위협할 때 그들은 세계 공의회를 열어 '양 진영'의 대표들을 한자리로 모았다. 그들은 진리를 분별하고 합의를 도출하고 화평을 이루고 연합된 교회를 지켜 낸다는 목표 아래 서로 얼굴을 마주했다. 이런 공의회에서 제1차 니케아공의회의 니케아신경 같은 진술이 탄생했다. 니케아신경을 한번 읽어 보라.

> 우리는 한 분이신 하나님을 믿습니다. 그는 전능한 아버지시요, 하늘과 땅과, 보이는 것과 보이지 않는 모든 것을 지으셨습니다. 우리는 한 분이신 주 예수 그리스도를 믿습니다. 그는 하나님의 독생자이시며, 영원히 성부에게서 나셨고, 하나님에게서 나온 하나님, 빛에서 나온 빛, 참하나님에게서 나온 참하나님이시며, 창조된 것이 아니라 태어나셨고, 성부와 동일한 존재이십니다. 그를 통해 만물이 창조되었습니다.

그는 우리를 위해, 또 우리의 구원을 위해 하늘에서 내려오셨으며, 성령의 능력으로 동정녀 마리아를 통해 육신을 입고 인간이 되셨습니다.

그는 우리를 위해 본디오 빌라도에게 십자가에 달려 죽으셨고 장사되셨고, 성경대로 사흘 만에 다시 살아나셔서 하늘에 올라 아버지의 우편에 앉아 계십니다. 산 자와 죽은 자를 심판하러 영광 가운데 다시 오실 것이며 그의 나라는 영원할 것입니다. 우리는 생명을 주시는 주 성령을 믿습니다. 그는 성부와 성자에게서 나오셨으며, 성부와 성자와 함께 경배와 찬양을 받으시고, 선지자들을 통해 말씀하셨습니다. 우리는 하나의 거룩하고 보편적이며 사도적인 교회를 믿습니다. 우리는 죄 사함을 위한 하나의 세례를 인정합니다. 우리는 죽은 자의 부활과 내세의 삶을 고대합니다. 아멘.

초대 교회 교부들은 자신들의 차이를 무시하거나 숨기지 않고 솔직히 인정한 뒤에 그 차이를 줄이려고 노력했다. 그들은 당시뿐 아니라 대대로 신학적 닻이요 기초가 되어 교회를 하나로 연합시켜 줄 신경(creed)을 쓰기 위해 서로의 지혜를 하나로 모았다. 오늘날의 상황보다 훨씬 아름답고 매력적으로 들리지 않는가? 오늘날의 리더들은 어떠한가? 지금 그들은 수천 갈래로 갈라져서는 한 명이라도 더 자신의 진영으로 끌어오기 위해 입씨름을 벌이고 있다.

초대 교회 교인들은 추종자나 개인적인 영광을 위해 싸우지 않고, 그리스도의 영광과, 그분의 신부들의 연합을 우선시했다. 다른 사람들을 공격할 이유를 찾기보다는 그리스도인들을 하나로 모으기 위한 공통분모를 찾았다. 이제 우리는 스스로에게 냉엄하고도 솔직한 질문을 던져야 한다. "과연 우리의 동기가 그들만큼 순수하다고 자신할 수 있는가?"

거룩한 성전을 위한 그분의 열정

나는 이제 분열을 일으키기가 두려워졌다. 고린도전서의 처음 세 장을 바탕으로 3장을 다시 연구한 결과, 분열을 조장하는 내 말과 행동에 대해 내가 아무런 경각심이 없었음을 깨달았다. 그래서 최근에 내가 의식적으로나 무의식적으로 교회의 분열에 일조하는 말과 행동을 했던 상황들을 돌아보고 깊이 회개하는 시간을 가졌다.

바울은 단지 고린도전서 1장에서만 자랑과 분열에 관해 지적한 것이 아니다. 이 주제는 그의 서간문 전체를 관통한다. 고린도전서 6장에서 바울은 온 세상이 보는 앞에서 신자들이 "내가 손해를 보자"라는 그리스도를 닮은 태도를 보이지 않고 서로 소송하는 행태를 꼬집는다. 7장에서는 신자들의 이혼을 다룬다. 8장에서는 믿음의 형제자매를 파괴하는 교만을 짚는다. 11장에서는 신자들이 분열해 성찬식이 유익보다 해를 끼치는 자리가 되고 있다고 한탄한다. 12장에서는 신자들이 하나의 몸이기 때문에 한 지체가 "너 따위는 필요하지 않아!"라는 태도로 다른 지체를 대하는 것이 얼마나 어처구니없는 짓인지 일깨운다. 13-14장에서는 신자들이 영적 은사로 서로를 세워 주지 않고 자랑하고 분열을 조장하는 것은 사랑이 없기 때문이라고 설명한다.

바울이 고린도 교인들에게 보낸 첫 번째 편지, 고린도전서는 처음부터 그들이 분열을 회개하고 하나 되도록 만들기 위해 쓰였다. 내게는 고린도전서 3장에 기록된 하나님의 경고만큼 두렵고 떨리는 말씀은 없다.

처음 네 절에서 바울은 고린도 교인들이 미성숙한 아기들이며, 그 미성숙함이 그들의 분열에서 여실히 드러난다고 말한다. 그들 속에 "분쟁"과 자랑이 가득한 것은 그들이 영적이지 못하다는 증거다. 5-9절에서 바울은 자신과 아볼로가 아무것도 아니요 단지 각자의 의무를 수행하는 종에 불과하다고 말한다. 요지는 바울에 관해서 자랑하기를 멈추라는 것이다. 10-15절에서 바울은 심판의 날이 다가오고 있으며 그 날이 와야만 비로소 진짜 진실을 알게 된다고 말한다. 이는 남들이 하는 사역을 비판하지 말고 각자 자기 일이나 신경 쓰라는 뜻이다.

이어서 내가 생각하는 가장 두려운 경고가 나타난다.

너희는 너희가 하나님의 성전인 것과 하나님의 성령이 너희 안에 계시는 것을 알지 못하느냐 누구든지 하나님의 성전을 더럽히면 하나님이 그 사람을 멸하시리라 하나님의 성전은 거룩하니 너희도 그러하니라(고전 3:16-17).

"하나님이 그 사람을 멸하시리라"와 같은 구절을 읽으면서 아무런 두려움이 없다면 그것이야말로 정말 두려운 상황이다. 이런 진술이 얼마나 심각한 것인지를 놓치지 말라. 거룩한 성전에 대한 하나님의 열정은 맹렬하며, 이것은 우리에게 좋은 일이다. 형제자매에게 던진 모든 부주의한 말은 심판을 받을 것이기 때문이다. 그리스도를 자랑하는 말 외에 리더의 입에서 나온 모든 자랑은 분열을 일으켜 성전을 더럽힌다. "그런즉 누구든지 사람을 자랑하지 말라"(고전 3:21).

하나님, 우리를 불쌍히 여기소서!

이 시점에서 우리 모두는 자신을 돌아보고 회개해야 마땅하다. 우리 진영 안에 있는 사람이나 밖에 있는 사람이나 상관없이 사람의 의견은 다가올 거룩하신 하나님의 심판에 비해 아무것도 아닌 것으로 여겨야 한다. 이것이 다음 구절에 담긴 바울의 시각이다.

너희에게나 다른 사람에게나 판단받는 것이 내게는 매우 작은 일이라 나도 나를 판단하지 아니하노니 내가 자책할 아무것도 깨닫지 못하나 이로 말미암아 의롭다 함을 얻지 못하노라 다만 나를 심판하실 이는 주시니라 그러므로 때가 이르기 전 곧 주께서 오시기까지 아무것도 판단하지 말라 그가 어둠에 감추인 것들을 드러내고 마음의 뜻을 나타내시리니 그 때에 각 사람에게 하나님으로부터 칭찬이 있으리라(고전 4:3-5).

이 말씀을 읽고도 창조주이자 심판관이신 하나님 앞에서 자신의 행동을 겸허히 돌아보지 않는다면 보통 큰 문제가 아니다. 사람들의 생각에 연연하지 말기를 바란다. 물론 자기 진영 밖에 있는 형제자매를 포용하면 반대에 부딪힐 것이다. 하지만 그렇다고 하나님보다 사람들을 더 두려워할 텐가?

이제 내가 사람들에게 좋게 하랴 하나님께 좋게 하랴
사람들에게 기쁨을 구하랴(갈 1:10).

오늘 내가 자랑하고 싶은 것은?

형제들아 내가 우리 주 예수 그리스도의 이름으로 너희를
권하노니 모두가 같은 말을 하고 너희 가운데 분쟁이 없이
같은 마음과 같은 뜻으로 온전히 합하라 내 형제들아 글로에의
집 편으로 너희에 대한 말이 내게 들리니 곧 너희 가운데
분쟁이 있다는 것이라 내가 이것을 말하거니와 너희가 각각
이르되 나는 바울에게, 나는 아볼로에게, 나는 게바에게, 나는
그리스도에게 속한 자라 한다는 것이니 그리스도께서 어찌
나뉘었느냐 바울이 너희를 위하여 십자가에 못 박혔으며
바울의 이름으로 너희가 세례를 받았느냐(고전 1:10-13).

저마다 리더들을 비교하며 어떤 리더 뒤에 줄을 설지 저
울질하기 시작하면서 고린도 교회 안에 분열의 씨앗이 뿌려
졌다. 여러 집단으로 나뉘어 어떤 리더가 최고라며 서로 으
르렁거렸다. 그나마 지금 우리보다는 상황이 낫다. 다행히

그들의 리더들은 사람들이 하는 칭찬을 즐기지 않았기 때문이다. 바울은 '바울 팬들'을 부추기기보다는 오히려 편 가르기를 그만두라고 호소한다.

그는 고린도 교인들이 모두 단순하게 전해지는 단순한 메시지를 믿는 미련한 자들이라고 말한다. 그리고 그들이 원래 어떤 자들이었는지를 상기시키며 그들 자신에 관해서는 자랑할 것이 아무것도 없다고 말한다. 실제로 하나님은 "아무 육체도 하나님 앞에서 자랑하지 못하게 하려" 미련한 자들을 택하셨다(고전 1:29). 고린도 교인들은 예수님께 구원받은 미련한 죄인들의 무리였다. 따라서 예수님을 자랑하는 것만이 유일하게 합당한 자랑이다.

자랑하는 자는 주 안에서 자랑하라(고전 1:31).

경건한 사람들은 모일 때마다 예수님을 자랑한다. 어떻게 예수님을 경험했고 그분 안에서 기쁨을 찾았는지 이야기 꽃을 피운다. 처음부터 끝까지 하나님을 찬양하다가 그리스도에 대한 더 큰 감격을 안고 자리를 파한다. 그리스도가 다른 사람들의 삶에서 어떻게 역사하시는지 이야기를 듣고 나면 그분을 더 열심히 찬양하고 싶어진다. 그렇게 찬양이 마치 눈덩이처럼 불어난다. 그리스도에 관해서는 자랑할 거리가 끝이 없다.

그런데 어찌된 일인지 요즘 '그리스도인들'은 만나기만 하면 자신이 좋아하는 설교자들이 말씀을 얼마나 잘 전하는지를 자랑한다. 하는 이야기를 가만히 들어 보면 거의 교회나 예배 팀 밴드, 학교, 신학자, 책, 노래, 교단, 사역, 정치, 목사, 싱어들 등에 관한 이야기뿐이다. 그러다 결국 누구의 성경 해석이 가장 정확한지, 누가 가장 지혜롭고 똑똑한지, 누가 기름부음을 받았는지에 관한 논쟁이 시작된다. 좋아하는 리더를 선택하면 다들 그를 예배하는 섬으로 들어간다. 그 순간, 다시 연합을 경험하기 시작한다. 그럴 수밖에. 리더나 신학에 관해서 생각이 같은 사람들끼리만 모였으니까 말이다. 자기 리더의 강점과 다른 진영의 약점에 관해서 모두의 생각이 완벽히 일치한다.

그 섬에 머무르는 한 화합을 누릴 수 있다. 최소한 섬 안에서 누군가가 새로운 의견을 내놓고 자신을 따르는 자들을 모아 다른 섬으로 떠나기 전까지는 그렇다.

리셋 버튼을 누르고 다시 시작하면 어떨까? 스스로를 그리스도인으로 부르는 사람들이 예수님 외에 아무도 자랑하지 않기로 약속한다면? 모일 때마다 예수님을 자랑하고 예수님의 선하심을 서로서로 간증한다면?

그렇다고 해서 의견 차이가 전혀 나타나지 않는 것은 아니다. 하지만 이제 자신의 의견이 가장 중요하지는 않다. 더이상 자신이나 다른 누군가가 가진 재산이나 지식, 성취를 거론하며 자랑하지 않는다. 밤낮으로 서로에게 하나님의 무한한 은혜만 자랑한다.

파라다이스처럼 들리는가? 그렇기를 바란다. 이제 예수님만 자랑하는 그룹이 역시 예수님만 자랑하는 다른 그룹과 합쳐진다고 해 보자. 이 두 그룹이 동행하는 것이 어려울까? 너무도 쉬울 것이다. 연합은 이토록 단순한 문제일 수있다.

우리는 상대방의 문제점만을 보며 그렇게 문제가 많은사람과 같이 예배할 수 없다고 말할 때가 너무도 많다. 우리는 하나님이 문제보다 무한히 크시다는 사실을 놓치곤 한다. 설령 우리가 문제 많은 사람들의 틈바구니에 끼어 있다해도 하나님은 우리의 온전한 관심과 찬양을 받으시기에 합당하다.

이 새로운 섬이 천국인 듯 보인다면 그것은 실제로 그렇기 때문이다. 하늘의 연합은 모두가 한 분만을 자랑하는 데서 비롯한다. 이 땅에서도 그런 하나 됨이 이루어지기를 간

우리는 상대방의 문제점만을 보며

그렇게 문제가 많은 사람과

같이 예배할 수 없다고 말할 때가 너무도 많다.

우리는 하나님이 문제보다

무한히 크시다는 사실을 놓치곤 한다.

절히 소망한다. "뜻이 하늘에서 이루어진 것같이 땅에서도 이루어지이다"(마 6:10).

chapter 5

영성이 무르익을수록
'사랑의 연합'에 들어서다

† 영적 성숙의 가장 확실한 표지 †

에베소서 4장은 모든 사역자가 한 가지 공동 목표를 추구해야 한다고 분명히 말한다. 사역자의 임무는 그리스도의 몸에 속한 모든 지체가 성숙해지도록 돕는 것이다.

그가 어떤 사람은 사도로, 어떤 사람은 선지자로,
어떤 사람은 복음 전하는 자로, 어떤 사람은 목사와 교사로
삼으셨으니 이는 성도를 온전하게 하여 봉사의 일을 하게
하며 그리스도의 몸을 세우려 하심이라 우리가 다 하나님의
아들을 믿는 것과 아는 일에 하나가 되어 온전한 사람을 이루어
그리스도의 장성한 분량이 충만한 데까지 이르리니 이는
우리가 이제부터 어린아이가 되지 아니하여 사람의 속임수와
간사한 유혹에 빠져 온갖 교훈의 풍조에 밀려 요동하지
않게 하려 함이라 오직 사랑 안에서 참된 것을 하여 범사에
그에게까지 자랄지라 그는 머리니 곧 그리스도라 그에게서
온몸이 각 마디를 통하여 도움을 받음으로 연결되고 결합되어
각 지체의 분량대로 역사하여 그 몸을 자라게 하며 사랑 안에서
스스로 세우느니라(엡 4:11-16).

하나님은 그분의 교회에 사도, 선지자, 복음을 전하는 사람, 목사, 교사를 선물로 주셨다. 그들의 역할은 "성도를 온

전하게 하여 봉사의 일을 하게"(12절) 하는 것이며, 그들은 "우리가 다 하나님의 아들을 믿는 것과 아는 일에 하나가"(13절) 될 때까지 이 일을 감당해야 한다. 리더들이 제 역할을 제대로 감당해 내면 성숙한 성도들이 더욱 연합하면서 자신의 사역을 감당하는 교회가 탄생한다. 성경은 어떤 종류의 훈련이 온전해지고 연합된 일꾼들을 낳는지 기술하고 있다.

치명적인 샛길

대부분의 기독교 리더십들은 사람들을 성숙으로 이끄는 것이 자신의 본분임을 잘 이해하고 있다.

> 우리가 그를 전파하여 각 사람을 권하고 모든 지혜로 각 사람을
> 가르침은 각 사람을 그리스도 안에서 완전한 자로 세우려
> 함이니 이를 위하여 나도 내 속에서 능력으로 역사하시는 이의
> 역사를 따라 힘을 다하여 수고하노라(골 1:28-29).

하나님의 바람은 자녀들이 "온전하고 구비하여 조금도 부족함이 없게" 되는 것이다(약 1:4). 신약은 다음과 같이 성숙한 사람이 어떻게 살고 행동하는지를 자세히 기술한 구절들

로 가득하다.

그러므로 너희가 더욱 힘써 너희 믿음에 덕을, 덕에 지식을,
지식에 절제를, 절제에 인내를, 인내에 경건을, 경건에 형제
우애를, 형제 우애에 사랑을 더하라(벧후 1:5-7).

오직 성령의 열매는 사랑과 희락과 화평과 오래 참음과 자비와
양선과 충성과 온유와 절제니 이같은 것을 금지할 법이
없느니라(갈 5:22-23).

그러므로 너희는 하나님이 택하사 거룩하고 사랑받는 자처럼
긍휼과 자비와 겸손과 온유와 오래 참음을 옷 입고 누가
누구에게 불만이 있거든 서로 용납하여 피차 용서하되 주께서
너희를 용서하신 것같이 너희도 그리하고 이 모든 것 위에
사랑을 더하라 이는 온전하게 매는 띠니라(골 3:12-14).

성숙한 신자가 어떤 모습인지 알고 싶다면 가장 간단한
방법은 그리스도의 생애를 공부하는 것이다. 성숙한 그리스
도인이 되고자 할 때 당연히 그리스도보다 더 좋은 모델은 없
다. 예수님은 사랑, 자비, 긍휼, 담대함, 거룩함, 용서, 희생을

삶으로 완벽하게 실천하셨다. 예수님의 삶은 모든 성령의 열매를 완벽하게 보여 준다. 예수님이 성경을 다루고 사람들을 대한 방식은 모든 그리스도인들이 본받아야 할 귀감이다.

그렇다면 우리는 사람들이 그리스도를 닮아 가도록 그들을 훈련시키는 데 어떤 방식을 사용하는가? 사랑과 희락과 화평이 교실에서 가르칠 수 있는 것들일까? 예수님은 제자들과 함께 살면서 이런 성품의 본을 보여 주셨다. 제자들은 예수님과 동고동락하며 성령의 능력을 경험했다. 그들은 예수님이 사랑을 실천하시는 모습을 지켜보면서 사랑을 배웠다. 진정한 제자 훈련은 함께하는 삶을 포함한다. 함께 전도하고 함께 상처를 겪고 성공과 실패를 함께 경험하면서 배워 가야 한다.

요즘 세상에서는 리더를 키우고 싶으면 리더의 재목을 교실로 보낸다. 그렇게 교실을 훈련의 주된 통로로 삼다 보니 교육의 여러 측면 중에서 한 가지에만 초점을 맞추게 되었다. 바로 지식이다.

물론 지식은 신자로서 성숙하는 데 중요한 부분이다. 하지만 많은 사람이 오직 지식에만 초점을 맞추었고, 이는 진정한 성숙의 길을 방해해 교회에 큰 해를 끼쳤다. 다음 그림을 보면서 계속 이야기를 해 보자.

그리스도인의 삶

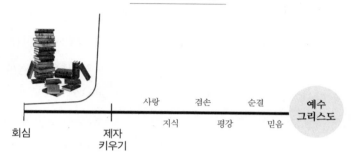

회심 　제자 키우기 　사랑 지식 겸손 평강 순결 믿음 　예수 그리스도

　그리스도를 닮는 성숙으로 나아가려면 하나님과의 친밀함, 겸손, 거룩함, 믿음, 소망, 능력, 사랑, 화평 같은 영역에서 꾸준히 자라야 한다. 이 길에서 우리는 다른 사람들을 예수님의 제자로 키우게 된다. 그들에게 세례를 베풀고 그들이 하나님이 명령하신 모든 것을 지켜 순종하도록 가르친다.

　그런데 제자를 키우지 않아서 성숙해 가지 못하는 신자가 너무도 많다. 그들은 선생이 되지 않고 계속해서 배우는 입장에 머물러 있다(히 5:12). 선생이 되기를 거부하는 사람들이 있는가 하면, 죽을 때까지 자신은 아직 준비가 되지 않았다고 생각하는 사람도 있다. 준비를 하기 위해 수업을 받기는 한다. (이 책과 같은) 기독교 서적을 읽고 설교 영상을 열심히 찾아서 듣고 본다. 그것이 성숙의 길이라고 철석같이 믿고 나름대로 최선을 다한다. 하지만 착각도 그런 착각이 없다.

그들은 참된 성숙의 길을 계속해서 걷지 않고 엉뚱한 길로 빠진다. 바로 지식 습득만을 추구하는 길이다. 그런데 안타깝게도 지식은 늘어나지만 겸손은 깊어지지 않는다. 지식으로 머릿속을 꽉 채우긴 하지만 어려운 사람들을 위해 자신을 비우지는 않는다. 다른 사람들과 함께 살면서 성령의 열매의 본을 보여 주지 않는다. 한마디로 예수님의 제자를 키우지 않는다. 그 결과, 자기 삶이 그리스도와 전혀 닮지 않았음에도 성경에 관해 많이 안다는 이유만으로 스스로를 성숙한 신자로 여긴다. 그런 사람이 실제로 너무도 많다. 그들은 믿음의 발걸음을 떼지 않는다. 복음 전파에 삶을 걸지 않는다.

앞의 그림은 사랑 안에서 자라지 않고 계속해서 지식의 길로만 가면 오히려 성숙에서 멀어질 수 있다는 사실을 보여 준다. 바울은 이와 관련해서 "지식은 교만하게 하며 사랑은 덕을 세우나니"라고 말한다(고전 8:1). 지식을 쌓기만 하고 다른 사람들을 위해 사랑으로 사용하지 않으면 교만해져서 그리스도에게서 오히려 더 멀어진다. 그러면 하나님께 은혜를 받기는커녕 오히려 외면을 당할 뿐이다. "하나님이 교만한 자를 물리치시고 겸손한 자에게 은혜를 주신다"(약 4:6). 요즘 교회 문화에서는 성경 지식이 풍부한 사람을 미성숙하다고 말하지 않는다. 하지만 나는 '아기 상태인 학자들'이 많다고 감히 말하고 싶다. 그들은 길을 오랫동안 걸어왔지만 그 길은 엉뚱한 방향으로 향하고 있다.

은혜가 보이는 삶

사람이 엉뚱한 방향으로 향하고 있다는 가장 확실한 신호 가운데 하나는 은혜가 없는 것이다.

> 오직 우리 주 곧 구주 예수 그리스도의 은혜와 그를 아는
> 지식에서 자라 가라 영광이 이제와 영원한 날까지 그에게
> 있을지어다(벧후 3:18).

하나님의 은혜를 진정으로 알아 갈수록 우리도 은혜 안에서 자라 가게 되어 있다. 다음을 잘 구분할 줄 알아야 한다. '은혜에 관해' 많이 알고 심지어 '은혜에 관한' 훌륭한 설교를 하면서도 정작 실제로 '은혜를' 경험한 적은 없는 경우가 있을 수 있다.

내가 한 디저트 메뉴를 공부해서 그 메뉴에 어떤 재료를 사용했고 어떻게 혼합했는지를 정확히 댈 수 있다고 해 보자. 나는 당신에게 그 음식을 아주 정확하게 설명해 줄 수 있고, 맛이 어떨지도 나름대로 추측할 수 있다. 이번에는 내가 그 디저트를 입에 넣고 맛보면서 당신에게 설명을 한다고 해 보자. 그렇게 하면 그 디저트에 관한 객관적인 사실보다 훨씬 더 많은 것을 말해 줄 수 있다. 내 오감으로 실제로 경험한 것을 말해 줄 수 있다. 당신이라면 둘 중 어떤 설명을 더 믿겠는가?

마찬가지로, 은혜에 관해 많이 아는 사람과 은혜를 실제로 맛본 사람 사이에는 뚜렷한 차이가 있다. 특히 두 사람이 살아가는 모습을 보면 확연히 다른 것을 확인할 수 있다. 아무 공로도 없이 죄와 죽음의 무거운 짐이 어깨에서 떨어져나가는 은혜를 진정으로 경험한 사람은 기꺼이 그 은혜를 다른 이들과 나누게 되어 있다. 하늘 아버지의 한없는 자비를 늘 묵상하는 마음에는 교만과 자기 의가 파고들 틈이 없다.

반면, 은혜를 개념적으로만 알고 자신이 그 은혜를 받았다는 느낌을 받아 본 적이 없는 사람들은 설령 은혜에 관해 설교하는 데는 아무런 문제가 없다 해도 실제로 주변 사람들에게 은혜를 보여 주지는 못한다. 그들에게서는 지식과 삶이 연결된 모습을 찾아볼 수 없다. 마음의 변화를 동반하지 않은 지식은 얼핏 무지보다 성숙해 보인다. 하지만 마태복음 23장에서 예수님은 종교적 위선에 대해 느끼시는 감정을 분명히 보여 주셨다. 이 문제가 얼마나 심각한지 잘 모르겠다면 지금 당장 책을 놓고 성경을 펴서 그 장을 읽어 보기를 바란다. 진심이다.

목회자들에게 이 점을 꼭 명심하라고 촉구하고 싶다. 사람들을 예수님의 제자로 키우되 예수님이 하셨던 방식으로 키우라. 말로만 가르친 원칙들을 이제 자신의 삶으로 보여 주고 다른 사람들도 그렇게 하도록 격려하라. 반대로, 하나님과 더 깊은 관계를 맺기 위해 멘토를 찾는 사람들은 지식이 가장 많은 사람을 찾거나 교실로 달려가지 말라. 본받을 만한 삶을 사는 사람을 찾아 그가 예수님을 따라가는 대로 따라가라.

수적인 성장에 집착할 때

우리가 사람들을 성숙으로 이끌지 못한 또 다른 이유는 숫자에 집착하기 때문이다. 많은 목회자가 인정하지 않지만 우리는 어떻게 하면 성도를 더 많이 끌어모을 수 있을지에 따라 결정을 내릴 때가 많다. 이것도 역시 그리스도의 모델이 아니다. 예수님은 옳은 우선순위에 따라 옳은 결정을 내리셨지만, 그 결과 추종자는 줄어들었다. 반면, 우리는 그리스도의 모델을 따르지 않음으로써 예수님을 절대 따르지 않을 사람들이 우리의 예배에 몰려오는 결과를 낳았다. 어느 기독교 리더가 군중을 끌어모으는 데 탁월하고 예수님보다 더 많은 찬사를 받고 있다면 뭔가 단단히 잘못된 것이다.

우리는 사람들이 원하는 것들을 주었다. 이것이 많은 교회에서 기도회를 없앤 이유다. 사람들은 기도회에 관심을 갖지 않았다. 이것이 삶을 함께 나누는 제자 훈련을 좀처럼 보기 힘든 이유다. 사람들은 서로에게 그렇게 가까이 다가가기를 원하지 않고 그렇게 많은 시간을 투자하기도 원하지 않는다. 우리는 적절한 거리를 좋아한다. 잠깐 모여서 성경을 공부하는 것까지는 괜찮지만 가족처럼 지내는 것은 부담스럽게 생각한다.

많은 교회 리더들이 자신이 가진 것으로 헤쳐 나가야 한다고 생각한다. 그래서 교인 한 명이라도 잃는 것을 심히 두려워한다. 그래서 아무도 부담스러워하지 않을 최소공배수를 찾으려고 한다. 예를 들어, 대다수 교인이 주일에 한 시간만 시간을 내고 가끔 성경 공부와 교육 프로그램에 참여할

용의만 있다면 그 선 안에서 그들을 훈련시킨다.

처음 교회를 개척했을 때 나는 교인들이 부담 없이 와서 말씀을 통해 하나님을 만나고 예배가 끝나자마자 부담 없이 돌아갈 수 있는 편안한 분위기를 만들고자 했다. 솔직히 교인들이 서로를 향한 사랑에서 자라야 한다는 것은 생각지도 못했다. 나는 내가 다니고 싶은 교회를 만들었다. 나는 많은 사람이 삶이 바쁘기도 하고, 친구도 워낙 많아 다른 교인들과 가까워지기 위해서가 아니라 그저 하나님과만 가까워지기 위해 교회에 온다고 생각했다. 내가 프라이버시를 중시하다 보니 남들도 다 그럴 것이라고 생각했다.

그 판단은 적중했다. 사람들이 몰려오고 즐거워했다. 하지만 시간이 지날수록 교회 리더십들과 나는 우리 서로가 사랑한다고 세상에 알려지는 것이 곧 그리스도의 뜻이라는 사실을 보기 시작했다. 그리고 그럴수록 점점 죄책감이 찾아왔다. 물론 우리가 사랑이 없는 것까지는 아니었지만 사람들이 우리 교회에 몰려오는 것은 우리의 사랑 때문이 아니라는 것을 잘 알고 있었다.

마침내 매주 우리는 성도들에게 서로를, 특히 자신과 다른 사람들을 사랑하라고 권면하기 시작했다. 그러자 일부는 관심을 보였지만 대부분은 알레르기 반응을 보였다. 다 내

탓이었다. 서로 적정한 거리에서 모이는 방식에 익숙해지게 만들었기 때문이다. 변화는 쉽지 않았다. 서로 관계를 맺도록 억지로 자리를 만드니 다들 부담스러워했고, 적지 않은 교인이 다른 교회로 떠났다. 내 인생에서 가장 우울한 시기 가운데 하나였다. 그전까지 15년간 나는 오직 수적인 성장만 경험해 왔다. 나는 교인들의 열광적인 반응과 출석 교인 숫자 증가에 익숙해져 있었다. 그런데 오랜 세월 함께했던 교인들이 속속 떠나갔다. 참으로 고통스러운 시기였다.

무엇을 어떻게 하는 것이 하나님의 뜻인지 알 수 없어 혼란스러웠다. 교인들이 원하는 쪽으로 교회를 이끌고 가야 하는가? 아니면 억지로라도 성경에 기록된 교회의 모습 쪽으로 이끌고 가야 하는가? 많은 사람이 떠나든 말든 옳다고 믿는 방향으로 계속해서 밀고 나가야 하는가? 아니면 내가 참을성 부족이라는 죄를 짓고 있는 부분이 있는가? 디모데후서 4장 2절 같은 구절들이 혼란스럽게 다가왔다. 당시 내가 좀 더 "경책하며 경계하며 권해야" 했던 것인지 아니면 그냥 "오래 참음과 가르침" 쪽에 좀 더 초점을 맞추어야 했던 것인지 솔직히 지금도 헷갈린다.

너는 말씀을 전파하라 때를 얻든지 못 얻든지 항상 힘쓰라

범사에 오래 참음과 가르침으로 경책하며 경계하며 권하라.

그때부터 나와 비슷한 딜레마에 처해 있는 대형 교회 목사들과 많은 이야기를 나누었다. 지금까지 교인들을 이끌고 온 방향이 옳지 않다는 것을 깨달았을 때 목회자의 마음이 얼마나 무거울지 상상이 가는가? 그래서 방향을 트니 여지없이 반대의 목소리가 빗발친다. 하지만 올바른 양심을 가진 목회자라면 교인들의 성장을 저해하는 쪽으로 계속해서 교회를 이끌고 갈 수는 없다.

새 계명을 너희에게 주노니 서로 사랑하라 내가 너희를 사랑한
것같이 너희도 서로 사랑하라 너희가 서로 사랑하면 이로써
모든 사람이 너희가 내 제자인 줄 알리라(요 13:34-35).

서로를 향한 초자연적인 사랑을 온 세상에 보여 주는 성숙한 신자들의 모임, 바로 이것이 하나님이 원하시는 것이다. 교회에서 '사랑'이라는 요소는 타협할 수 없는 것이다. 우리는 공동체와 제자 훈련을 그것에 관심 있는 사람들에게만 제공하는 부가서비스 정도로 취급할 때가 너무도 많다. 마치 토핑처럼 말이다. 토핑을 추가하면 맛이 더 좋아지지만

서로를 향한 초자연적인 사랑을

온 세상에 보여 주는 성숙한 신자들의 모임,

바로 이것이 하나님이 원하시는 것이다.

교회에서 '사랑'이라는 요소는

타협할 수 없는 것이다.

우리는 공동체와 제자 훈련을

그것에 관심 있는 사람들에게만 제공하는

부가서비스 정도로 취급할 때가 너무도 많다.

원하지 않는 사람은 굳이 돈을 더 내면서까지 추가할 필요는 없다.

이것은 말도 안 되는 상황이다. 사랑이야말로 교회의 핵심이어야 한다. 교회에 참여하는 것은 곧 하나님과의 연합 그리고 다른 사람과의 놀라운 연합에 참여하는 것이어야 한다. 처음 코너스톤교회(Cornerstone Church)를 세울 때 내 목표는 이런 깊고도 초자연적인 사랑이 아니었다. 나는 교인들이 매주 교회에 나와서 내가 정성껏 준비한 설교를 듣기만 하면 자연스럽게 성숙해질 것이라고 생각했다. 지금은 성숙이 최소한 지식만큼이나 '관계'와도 관련이 있다는 것을 잘 안다.

하지만 모든 사람이 서로의 온전한 연합에 관심이 있는 것은 아니다. 그냥 한 시간 정도 '교회에 가는 것'만 원할 뿐 깊은 관계를 맺을 생각은 아예 없는 사람들도 있다. 이것은 성경적으로 말이 되지 않는 것이다. 교회의 본질 자체가 한 몸이니까 말이다. 교회가 성숙할수록 사랑은 더 깊어질 수밖에 없다. 우리가 성숙을 오해한 탓에 교회는 미성숙한 채로 남아 있다.

졸업이 없는 '사랑 학교'

일부 교단에서, 사랑을 강조하는 사람들을 미성숙하다고 낮추보기 시작했다. 아기 신자들에게는 사랑을 가르쳐야 하지만 그들이 자랄수록 종말신학과 창조 시점 같은 성숙한 주제로 넘어가야 한다고 말한다. 교리를 강조하는 것이 성숙한 것이고 사랑을 강조하는 것은 미성숙한 것이라는 잣대는 누가 정했는가? 내가 신약을 두루 살핀 바로는, 사랑 학교는 우리가 평생 졸업할 수 없는 학교다. 바울이 데살로니가 교회에 쓴 편지에서 뭐라고 말하는지 들어 보라.

하나님 우리 아버지와 우리 주 예수는 우리 길을 너희에게로
갈 수 있게 하시오며 또 주께서 우리가 너희를 사랑함과 같이
너희도 피차간과 모든 사람에 대한 사랑이 더욱 많아 넘치게
하사 너희 마음을 굳건하게 하시고 우리 주 예수께서 그의
모든 성도와 함께 강림하실 때에 하나님 우리 아버지 앞에서
거룩함에 흠이 없게 하시기를 원하노라(살전 3:11-13).

형제 사랑에 관하여는 너희에게 쓸 것이 없음은 너희들
자신이 하나님의 가르치심을 받아 서로 사랑함이라 너희가 온
마게도냐 모든 형제에 대하여 과연 이것을 행하도다 형제들아

권하노니 더욱 그렇게 행하고(살전 4:9-10).

형제들아 우리가 너희를 위하여 항상 하나님께 감사할지니
이것이 당연함은 너희의 믿음이 더욱 자라고 너희가 다 각기
서로 사랑함이 풍성함이니(살후 1:3).

이외에도 많은 구절에 바울이 성숙을 가늠하는 주된 척
도 가운데 하나로 사랑을 꼽았음이 분명히 나타난다. 첫 번
째 구절에서 바울은 신자의 마음이 사랑으로 가득해서 흠 없
이 거룩해지게 해 달라고 기도한다. 보다시피 사랑이 많아
지는 것을 거의 성화와 동일시한다.

앞에서 같이 본 그림을 기억하는가? 대부분의 사람들이
성숙의 길에서 벗어나는 것은 다른 신자들과 친밀히 동행하
면서 그들을 제자로 훈련시켜야 할 시점이 오면서다. 성화
는 관계를 '바탕으로' 한다. 다시 말해, 성화는 사랑 위에서
이루어진다.

그럴 수밖에 없다. 아이를 길러 본 사람, 아니 결혼만 해
봐도 가족만큼 우리를 성화시키는 것도 없다는 점을 이해한
다. 결혼을 하는 순간, 자신의 삶은 더 이상 자신의 것이 아
니다. 그때부터 우리의 인내심과 겸손, 온유함, 자제력은 전

에 없이 강력한 시험을 겪는다. 멀찍이 떨어져서 쉽게 숨길 수 있던 흠들이 가까이서 적나라하게 드러난다. 그렇게 정신없이 하루하루가 지나가다가 아이가 생기면 하루를 버티기 위해 필요한 인내심과 온유함의 수준이 천정부지로 치솟는다.

우리는 이런 덕목을 홀로 기르도록 창조되지 않았다. 하나님은 우리가 관계와 가족을 갈망하도록 창조하셨다. 그런데 하나님은 교회를 생물학적 가족보다도 '훨씬 더' 서로에게 헌신하는 가족으로 설계하셨다(눅 14:26; 마 12:46-50).

가장 좋은 길

목회자의 역할은 교인들을 하나 됨으로 이끄는 것이다. 물론 인간의 논리로만 보면 "사람들은 연합 따위에 관심이 없어"라고 말할 수밖에 없다. 하지만 예수님은 하나 됨을 통해서만 사람들이 그분의 제자들을 알아볼 것이라고 분명히 말씀하셨다. 따라서 교회 리더십들은 교인들이 원하는 대로 내버려 둘 수는 없다. 우리는 연합이라는 가장 좋은 길로 가야 한다.

대부분의 교인들은 부담스럽지 않은 환경을 원한다. 배

운 대로 꼭 '행하지는' 않아도 되는 환경을 원한다. 그렇다 해도 우리는 예수님이 명령하신 것을 추구하기를 멈추지 말아야 한다. 우리의 가장 큰 목표는 사람들이 떠나지 않도록 붙잡아 두는 것이 아니다. 제자 훈련을 변질시켜서는 안 된다.

우리는 예수님이 구체적으로 알려 주신 두 가지 가장 큰 계명을 자주 잊어버린다. 첫째, 하나님을 사랑하는 것, 둘째, 주변 사람들을 사랑하는 것이다(마 22:36-40). 제자 훈련의 핵심 가운데 하나는 이런 계명 자체를 가르치는 것이다. 하지만 핵심적인 부분이 또 하나 있다. 이 계명대로 살아가도록 가르치는 것이다.

성숙을 지식과 동일시하면 지식만 습득하고 그 지식을 토대로 남들의 흠을 들추어내는 삶을 정당화하기 쉽다. 물론 성경은 거짓 교리를 조심하고, 하나님의 진리가 아닌 것을 가르치는 자들을 바로잡으라고 가르친다. 그렇게 말하는 구절은 수없이 많고, 그 모든 구절을 진지하게 받아들여야 한다. 하지만 이런 명령을 사랑과 따로 떼어서 생각하면 큰 문제가 발생한다.

성경에는 다른 사람들을 사랑하고, 그들과 연합하고, 다툼과 분열을 절제하고, 화평을 추구하라는 명령이 '더' 많다. 이런 명령도 역시 진지하게 받아들여야 한다. 무엇보다도 문자 그대로 받아들여야 한다. 하지만 연합에는 희생과 노력이 따른다.

사랑으로 사는 삶이야말로 성숙한 삶이다. 그것은 사랑이 '진리와 함께 기뻐하기' 때문이다(고전 13:6). 성숙한 사랑은 교리적인 진리를 사모하는 열정을 동반한다. 단, 사랑은 진리를 말로만 외치지 않고 실제로 온유하고 시기하지 않고 자랑하지 않고 교만하지 않고 무례하지 않는다.

성숙으로 가는 이 길은 훨씬 더 많은 희생과 투자, 노력을 요한다. "생명으로 인도하는 문은 좁고 길이 협착하여 찾는 자가 적음이라"(마 7:14). 하지만 가정을 이룬 사람들은 다 알겠지만 거기에 따르는 보상은 희생한 것에 비할 바가 아니다.

chapter 6

'절대 진리'를 타협하지 않는
'복음 안에서의 연합'이다

† '신학적 견해 차이'와 '피상적 사랑'의 문제 †

신학을 중시하고 죄를 미워하면서 연합을 위해 노력하는 것이 가능할까? 물론 그럴 수 있다. 하지만 그런 경우는 정말 드물다. 연합을 원하는 사람들은 흔히 "그냥 좋은 게 좋은 거잖아"라며 좋은 신학과 거룩한 삶의 중요성을 경시하는 경향이 있다. 하지만 하나님은 이 세 가지를 다 명령하시기 때문에 신학과 거룩함과 연합, 이 세 가지에서 동시에 성장할 길이 없을 수 없다. 지나친 단순화요, 유치하다고 말할지 모르겠지만 역시나 사랑이 답이다.

분열은 대개 신학이 달라서가 아니라 관계를 맺지 않은 데서 비롯한다. 우리의 문제점은 의견이나 해석의 차이가 아니라 '피상적' 사랑이다. 우리의 사랑(사실 사랑이라고 부를 수도 없지만)은 깊은 신학에서 탄생한 것이 아니다. 우리가 하나의 몸이라는 사실을 강조하고 또 강조해야 깊은 신학이라고 할 수 있다. 물론 대부분의 신자들은 우리가 한 몸이라고 인정하지만 이 진리를 깊이 묵상하고 가슴에 새기는 시간은 갖지 않는다.

깊은 사랑에 빠지면 분열은 생각할 수도 없다. 아내와 헤어지는 것과 갈등을 어떻게든 해결하는 것, 이 둘 중에서 내가 전자를 택한다는 것은 있을 수 없는 일이다. 아내를 너무 사랑하기에 아내와 헤어지기는커녕 멀어지는 것조차 상상하기 힘들다. 그런데 교회 안에서 우리는 정말 쉽게 분열한다. 우리의 사랑이 피상적이기 때문이다.

아내 이야기를 자꾸 꺼내서 미안하지만, 아내에게 내가 아이들 중 세 명만 데리고 나가고 아내는 남은 네 아이를 데리고 따로 살면 좋겠다고 말한다는 것은 상상도 할 수 없다. 하지만 사랑이 식어 버린 곳에서는 항상 이런 식의 상황이 벌어진다. 우리 부부는 27년간 함께 살면서 사랑이 점점 더 깊어졌다. 해를 거듭할수록 아내와 떨어져 산다는 것을 상상하기가 점점 더 어려워졌다. 둘 다 부부 싸움에서 이기는 것보다 함께 있는 것을 중시하다 보니 시간이 갈수록 다툼은 줄어들었다.

사랑 없음을 들키다

진짜 사랑은 알아보기가 쉽다. 표정이나 몸짓에서 그대로 드러나기 때문이다. 꾸준히 건네는 칭찬의 말이나 희생을 통해서도 드러난다. 연인이나 배우자, 자녀를 향한 깊은 사랑은 속일 수가 없다. 마찬가지로, 우리 안에 사랑이 없고 그저 의무적인 관계일 때도 주변 사람이 금방 알아차린다. 교회 안에서 우리가 방문자들을 억지로 반기거나 말로만 사랑에 관한 설교와 찬양을 해 봐야 사람들은 속지 않는다. 사랑이 없는데 자꾸만 사랑에 관해서 말해 봐야 상황만 더 악화될 뿐이다.

사랑이 있다면 굳이 말로 설명할 필요가 없다. 과연 예수님이 만나는 사람마다 붙잡고 제자들을 얼마나 사랑하시는지 설명하셨을까? 그럴 필요가 없었다. 말하지 않아도 다 알았다. 예수님의 사랑은 분명하게 드러났다. 따라서 우리는 말하는 기술을 다듬으려고 하기보다는 먼저 마음의 변화를 위해 애써야 한다.

아무리 사랑을 떠들어 대도 참된 사랑이 없으면 주변 모든 사람이 알게 되어 있다. 우리의 신학적 교만은 깊은 분열을 만들어 냈다. 이것을 보지 못하는 사람들은 보기 싫어하는 사람들뿐이다. 우리가 서로의 죄를 참아 주지 못한다는 것은 온 세상이 알고 있다. 우리는 슬픔이나 걱정으로 위장하려고 하지만 세상은 우리 안에 무엇이 있는지를 훤히 보고 있다. 우리 안에 있는 것은 바로 자기 의와 비판적인 태도다.

요즘 교회 밖에서 진심으로 교회를 존경하는 사람을 찾아보기가 정말 힘들다. 불신자들이 교인들에게 하는 최고의 칭찬은 기껏해야 "마음 둘 곳을 찾아서 다행이군요" 정도다. 우리가 예수님의 제자라는 사실을 온 세상을 보여 줄 만한 사랑, 우리는 그런 사랑에서 몇 광년은 떨어져 있다.

꿈꾸는 공동체

당신을 포함해서 자기 자신을 생각하는 사람이 단 한 명도 없는 방 안으로 들어간다고 상상해 보라. 모두가 너무 겸손한 나머지 항상 자신보다 다른 사람이 더 중요하다고 생각한다. 억지로 짜낸 얄팍한 이타주의가 아니다. 본래 모습이 그렇다. 다들 하나님의 사랑을 깊이 경험했기 때문에 그 사랑만으로 충분하다 만족한다. 아무도 서로를 말로만 격려하지 않는다. 서로 진심으로 하는 말임을 분명히 느낄 수 있다. 모두가 진심으로 당신을 사랑하며 일주일 내내 당신을 위해 기도했다. 다 같이 방 안을 돌며 눈에 보이는 모든 사람을 축복한다. 하나님은 이들 가운데 몇 명에게 당신에게 필요한 격려나 권고의 말을 주셨다. 어떤 이들은 당신에게 성경을 읽어 주고 기도를 해 준다. 지난주에 기도 중에 성령이 시키셨다며 물질적인 선물을 건네는 이들도 있다.

이들은 가족 이상이다. 서로가 서로를 한 몸의 지체처럼 대한다. 슬픔도 기쁨도 언제나 함께 나눈다. 당신이 길거리로 나앉으면 자신의 집 문을 열어 주지 않을 사람이 한 명도 없다. 돈이 많든 적든 다들 가진 재산을 자기 것으로 여기지 않는다. 모두가 베풀기에 힘쓰는 이들이다. 물론 험담이나 불경건한 비판, 언쟁 따위는 없다. 이들은 한 몸처럼 살아간다.

이들 가운데 하나님이 분명히 임해 계신다. 그로 인해 기적들이 일어나기 시작한다. 깊은 사랑이 하늘의 능력을 풀어놓는다. 불치병에 걸렸던 당신의 친구들이 씻은 듯이 낫는다. 불신자들이 처음으로 예수님을 만난다. 지식과 예언의 말이 선포된다. 무엇보다 가장 큰 기적은 모두가 하나님의 임재 안에서 경험하는 기쁨과 평강이다. 당신은 이것이 단순한 모임이 아니라는 생각을 하며 흐뭇한 미소를 짓는다. 이것은 생명이다. 이것은 당신의 부족이요 가족이며 교회다.

온 세상에 이런 공동체가 가득하다고 상상해 보라. 모두가 당신의 형제요 자매다. 어느 나라를 가나 당신과 같은 몸의 지체들이 있다. 이들 가운데 어느 공동체를 찾아가나 똑같은 연합과 서로에 대한 희생을 경험할 수 있다. 지구 곳곳에 당신의 가족이 있다. 세상에서 가장 행복한 사람들. 하나님과 온전히 하나가 된 사람들. 당신이 사랑하는 것만큼, 아니 그 이상으로 당신을 사랑하는 사람들. 이들을 생각하면 모든 두려움이 물러가고 깊은 평안이 밀려온다. 하나님이 당신에게 공급해 주겠노라 약속하셨던 모든 것을 이 공동체를 통해 공급해 주고 계신다.

예전에는 "과연 이 땅에서 이런 일이 일어날 수 있을까?"를 생각할 때 회의적이었지만 이제 희미하게나마 희망을 본다. 당신 교회의 교인들은 이런 식으로 살지 않는다고 불평하기 전에 먼저 당신은 이렇게 살고 있는지 돌아보라.

신학적 견해 차이가 있을 때

2년 전 한 행사에서 메시지를 전했다. 여기서 자세한 내용은 전하지 않겠지만 이 그룹과 보낸 시간은 정말 특별했다. 나는 이 그룹과 깊이 교제하며 하나님의 특별한 임재를 경험했다. 이 그룹의 리더는 내가 그전까지 만났던 그 어떤 리더와도 달랐다. 겸손의 차원이 달랐다. 억지로 짜낸 겸손이 아니었다. 그는 일부러 겸손한 척 말하지 않았다. 그는 그냥 겸손 자체였다. 나는 그를 삶과 사역의 본보기로 삼았고 지금도 여전히 본보기로 삼고 있다.

그를 볼 때마다 요한복음 1장 47절 말씀이 떠올랐다. "예수께서 나다나엘이 자기에게 오는 것을 보시고 그를 가리켜 이르시되 보라 이는 참으로 이스라엘 사람이라 그 속에 간사한 것이 없도다."

그는 큰 조직을 이끌면서도 이기적인 욕심이라고는 눈곱만큼도 없어 보였다. 그는 그 많은 사람들을 참된 제자로 키워 가고 있었다. 성경 지식도 탁월했고, 사람들을 향한 사랑은 더 대단했다. 요컨대 그를 볼 때마다 예수님이 떠올랐다. 우리는 다른 여러 행사에서 함께 섬기기 시작했고, 하나님은 우리가 함께할 때마다 우리를 통해 놀라운 역사를 행하셨다. 그러다 갈등이 찾아왔다.

하루는 한 사역자 부부가 나를 찾아와 물었다. "혹시 그 단체가 평등주의(egalitarian) 쪽으로 심하게 편향되어 있다는 걸 아셨나요? 심지어 평등주의에 관한 책도 냈다고 합니다." 그 단체와의 협력을 계속 이어 갈 수 있을지 고민이 되었다. 우리는 둘 다 기독교 리더십을 양성하는데, 한쪽은 하나님이 남녀를 모두 교회의 장로로 세우시길 원한다고 가르치고 다른 한쪽은 남성만이 장로로 섬길 수 있다고 가르친다면 혼선을 빚을 수밖에 없었다. 우리는 둘 다 성경을 철저히 조사했고 둘 다 이기적인 욕심은 없었다. 하지만 같은 성경 구절을 두고 각기 다른 해석에 이르렀다.

처음에 나는 이런 상황에서 대부분의 사람들이 보이는

반응을 보였다. 즉 거리 두기를 실천했다. "저쪽도 신실한 그리스도인들이고 우리에게 호의를 보이고 있지만, 서로 걷는 길이 조금 다르니 이제부터 적절한 거리를 두자." 이것이 피상적이나마 연합을 유지하고 갈등이 깊어지는 것을 막는 가장 쉬운 방법이다. 그래서 우리는 흔히 이 방법을 채택한다.

하지만 이 방법은 그리 성경적이지 못하다. 특히 두 가지 이유로 마음이 편치 않았다. 첫째, 나는 예수님이 나를 사랑하시듯 내 형제를 사랑하라는 명령을 받았다. 둘째, 이 정도 신학적 차이는 거리 두기의 합당한 이유로 보이지 않았다.

사실, 이 리더와 거리를 두는 것이 내키지 않았던 데는 성경적인 논리가 불충분하다는 것 외에 더 깊은 이유가 있지 않았나 싶다. 그것은 우리 둘 사이에 깊은 사랑이 있었기 때문이다. 그래서 서로 거리를 두기가 쉽지 않았다. 우리가 함께 사역할 때 하나님이 특별한 역사를 행하시는 경험을 했다. 하나님은 우리가 함께 섬길 때 더 큰 열매를 맺는다는 것을 보여 주셨다. 이 문제를 놓고 함께 이야기를 나눌수록 이 차이가 오히려 하나님 나라를 확장하는 데 큰 견인차 역할을 할 수 있다는 생각이 들었다. 우리가 이견 속에서도 거리를 두기보다는 연합을 추구할 방법을 알아낸다면 하나님이 우리를 좋은 본보기로 사용하실 수 있지 않을까?

몇 달 뒤 우리는 미얀마에서 만났다. 둘 다 사역자들을 데리고 그곳에 가, 예수님을 한 번도 들어 보지 못한 사람들에게 복음을 전했다. 우리는 하나 됨을 추구하기로 결심했고, 시편 133편에 기록된 연합의 "선하고 아름다운" 유익들을 경험하기 시작했다. 그 리더를 따르는 사역자 가운데 한 명이 시편 133편 3절을 이야기했다. "여호와께서 복을 명령하셨나니 곧 영생이로다."

이런 관계 속에서 우리는 연합의 기쁨을 경험할 뿐 아니라, 하나님이 명령하시는 복을 누린다. 이후 몇 년 동안 우리는 바로 이런 복을 누렸다.

나는 늘 치유의 기적이 가능하다고 믿었다. 실제로 치유를 경험했다는 친구들의 간증을 결코 의심하지 않았다. 하지만 그때 미얀마로 선교 여행을 가기 전까지는 치유의 기적을 내 눈으로 직접 본 적은 없었다. 특히 하나님이 나를 치유의 도구로 사용하실 줄은 꿈에도 몰랐다. 나는 귀가 먼 아이들이 난생처음으로 세상의 소리를 듣는 현장에 있었다. 또한 내가 손을 얹고 기도한 사람들이 고통에서 해방되어 활기차게 걸어가는 모습을 보았다. 무엇보다도 예수님에 관해 들어 본 적도 없는 사람들이 그분을 영접하기 시작했다. 과장이 아니라 정말로 그 기간이 내 인생 최고의 나날이었다.

신학적 입장 차이 가운데서도 연합을 추구하려는 노력과 믿지 않는 자들에게 복음을 전하려는 노력이 하나로 만나 그런 복을 가져왔다고 확신한다.

절대 타협해서는 안 되는 것

연합도 좋지만 상대방의 해석이 성경에서 완전히 벗어나 보일 때는 어떻게 해야 할까? 그런 경우에도 무조건 연합을 추구해야 할까? 그렇지는 않다. 핵심적인 문제에서는 교리적으로 정확해야 한다. 바울은 누구든 다른 복음을 전하는 자는 저주를 받아 마땅하다고 말했다(갈 1:8). 그리고 고린도전서 15장 1-8절에서 복음을 상세히 설명했다. 이 복음에서 벗어나거나 이 복음을 왜곡하는 것은 받아들일 수 없다. 죄 때문에 누군가와 갈라서야 할 때가 있는 것처럼 거짓 교사들을 교회에서 축출해야 할 때도 있다.

미혹하는 자가 세상에 많이 나왔나니 이는 예수 그리스도께서
육체로 오심을 부인하는 자라 이런 자가 미혹하는 자요
적그리스도니 너희는 스스로 삼가 우리가 일한 것을 잃지 말고
오직 온전한 상을 받으라 지나쳐 그리스도의 교훈 안에 거하지

아니하는 자는 다 하나님을 모시지 못하되 교훈 안에 거하는 그 사람은 아버지와 아들을 모시느니라 누구든지 이 교훈을 가지지 않고 너희에게 나아가거든 그를 집에 들이지도 말고 인사도 하지 말라 그에게 인사하는 자는 그 악한 일에 참여하는 자임이라(요이 1:7-11).

사도 요한은 거짓 가르침을 퍼뜨리는 "미혹하는 자"를 조심하라고 경고한다. 구체적으로 그는 "예수 그리스도께서 육체로 오심을 부인하는" 것을 경계한다. 미혹하는 자들은 예수님이 이 땅에 계실 때 가르치신 것들을 그대로 가르치지 않고 그분이 육신으로 오셨다는 사실을 부인한다. 요한은 "그리스도의 교훈 안에 거하지 아니하는" 자들에게서 멀리 떨어지라고 분명히 말한다. 우리는 교사들의 가르침과 삶이 그리스도 안에 거하는지를 유심히 살펴 그렇지 않은 자들을 받아들이지 말아야 한다.

그런데 나는 일부 세력들이 신학적 입장에서 자신과 조금이라도 다른 사람들을 제거하기 위해 이 구절을 악용하는 모습을 자주 보았다. 오해해서는 곤란하다. 여기서 요한은 그리스도가 육신으로 오셨다는 사실을 부인하는 자들처럼 극단적인 경우를 말하는 것이다. 단순히 신학에 관한 한두

가지 곁가지 문제에 관한 차이를 말하는 것이 아니다.

바울은 고린도 교인들에게 이렇게 말했다. "내가 너희 중에서 예수 그리스도와 그가 십자가에 못 박히신 것 외에는 아무것도 알지 아니하기로 작정하였음이라"(고전 2:2). 이것이 그가 다른 것에는 전혀 관심도 없고 가르치지도 않았다는 뜻일까? 물론 그렇지는 않다. 하지만 신약 기자들은 예수님에 관한 핵심적인 교리에 관심을 집중했다.

신약에서 경계하는 거짓 가르침에는 다음과 같은 것들이 있다.

* "나는 그리스도라"라는 주장(마 24:5).

* "예수를 저주"하는 것(고전 12:3).

* 먹는 음식과 지키는 절기로 사람들을 판단하며 경건을 위해 가혹한 육체적 규율을 강요하는 것(골 2:16-23).

* 추측을 부추기는 "신화와 끝없는 족보에 몰두"하는 것(딤전 1:4).

* 혼인과 특정 음식을 금하는 것(딤전 4:3).

* "허탄한 이야기"에 빠지는 것(딤후 4:4).

* 그리스도께서 육체로 오셨다는 사실을 부인하는 것(요일 4:1-3; 요이 1:7).

* 하나님의 은혜를 방탕한 것으로 바꾸는 것(유 1:4).

바울이 말한 "예수 그리스도와 그가 십자가에 못 박히신 것" 같은 복음의 핵심 진리들을 말하는 것이다. 종말의 일시나 영적 은사의 올바른 사용, 사회 개혁, 세례 방식, 성찬식의 정확한 본질 등에 관한 신념을 말하는 것이 아니다. 다시 말하지만 이런 것에 관한 신념이 중요하지 않다는 뜻은 전혀 아니다. 다만 성경에 기록된 "거짓 교사"의 기준에서 벗어나 우리와 의견이 조금이라도 다르면 무조건 거짓 교사로 취급하는 것을 경계해야 한다는 말이다. 이것은 중상이요 비방이다.

서로의 행동이나 가르침에 잘못된 부분이 있다면 응당 질책해야 하지만 어디까지나 그들이 회개하기를 바라며 사랑과 겸손으로 해야 한다. 베드로가 '복음의 진리를 따라 바르게 행하지 아니했을 때' 바울은 그 잘못을 직접 지적했다. 흥미롭게도 베드로의 행동은 그리스도의 몸 안에서 유대인과 이방인 사이의 분열을 조장하는 것이었다(갈 2:11-14). 이런 사랑의 지적은 꼭 필요하다. 진리와 관련해서는 대충 넘어가지 말아야 한다. 단, 진리를 추구할 때는 예수님과 사도들의 방식으로 해야 한다.

연합해야 한다고 해서 자신의 신념을 타협할 필요는 없다. 바울은 로마 교인들에게 이렇게 말했다. "각각 자기 마음으로 확정할지니라"(롬 14:5). 계속해서 그는 각 사람이 하나님께 심판을 받을 것이기 때문에 각자 최선의 해석과 판단에 따라 성경에 순종하라고 말한다. 이 구절에서 그는 얼핏 상대주의처럼 보일 수 있는 말을 한다. 성령이 당신과 함께 계신다는 깊은 확신을 갖고 기도한 뒤에 이 구절을 묵상하면서 하나님이 무엇을 깨우쳐 주시는지 보라.

> 그런즉 우리가 다시는 서로 비판하지 말고 도리어 부딪칠
> 것이나 거칠 것을 형제 앞에 두지 아니하도록 주의하라 내가
> 주 예수 안에서 알고 확신하노니 무엇이든지 스스로 속된
> 것이 없으되 다만 속되게 여기는 그 사람에게는 속되니라
> 만일 음식으로 말미암아 네 형제가 근심하게 되면 이는 네가
> 사랑으로 행하지 아니함이라 그리스도께서 대신하여 죽으신
> 형제를 네 음식으로 망하게 하지 말라 그러므로 너희의 선한
> 것이 비방을 받지 않게 하라 하나님의 나라는 먹는 것과 마시는
> 것이 아니요 오직 성령 안에 있는 의와 평강과 희락이라 이로써
> 그리스도를 섬기는 자는 하나님을 기쁘시게 하며 사람에게도

칭찬을 받느니라 그러므로 우리가 화평의 일과 서로 덕을
세우는 일을 힘쓰나니(롬 14:13-19).

얼핏 이것도 맞고 저것도 맞는다고 하는 요즘 시대의 흐
름과 비슷해 보인다. 실제로 바울은 같은 음식이라도 한 사
람은 먹어도 되는 것으로 여기고 다른 사람은 먹지 말아야
되는 것으로 여길 수 있다고 말한다. 하지만 여기서 바울은
상대주의를 가르치는 것이 아니다. 그는 '절대 진리'가 있다
고 설명하는 것이다. 그 진리는 '스스로 속된 것이 없다'는 것
이다. 이어서 그는 옳은 답을 아는 것보다 하나님의 눈에 옳
게 사는 것이 중요하다고 말한다. 법적으로는 옳지만 실제
로는 지독히 악한 것이 가능하다.

하나님은 올바른 답만이 아니라 사랑과 올바른 우선순위
를 원하신다.

경외심을 갖고 이 구절을 바라보자. 이 말씀을 가볍게 여
겨서도 안 되고 과잉반응해서도 안 된다. 이 구절에는 처음
부터 끝까지 하나님을 경외하는 바울의 마음가짐이 흐른다.
이전 구절에서도 바울은 모든 그리스도인이 하나님 앞에 서
서 각자 자신의 삶을 설명하게 되리라고 상기시킨다. 이 구
절의 문장 하나하나가 하나님에게서 온 말씀이니 충분한 시

간을 두고 묵상하라. 여기서는 혹시 당신이 대충 넘어갔을지 모르는 몇 개의 문장을 짚고 넘어가고자 한다.

☑ **"속되게 여기는 그 사람에게는 속되니라."**

여기서 바울의 요지는, 성경의 어떤 원칙을 아직 확신하지 못해 어떤 행동을 꺼림칙하게 여기는 사람에게 그 일을 억지로 하게 하는 것은 곧 죄를 짓게 만드는 것일 수 있다는 점이다.

☑ **"만일 음식으로 말미암아 네 형제가 근심하게 되면**
　이는 네가 사랑으로 행하지 아니함이라."

이 구절을 너무 빨리 읽고 지나가지 말라. 언제나 사랑으로 행하는 것이 우선이라는 사실을 마음에 깊이 새기라. 여기서 바울은 우리 모두가 쉽게 빠질 수 있는 한 가지 함정을 경고한다. 즉 논쟁에 너무 몰두하면 사랑을 놓칠 수 있다.

☑ **"그리스도께서 대신하여 죽으신 형제를**
　네 음식으로 망하게 하지 말라."

"그리스도께서 대신하여 죽으신 형제"라는 대목에 집중해 묵상하라. 특정 사람들에게 베푸시는 그리스도의 사랑을 묵상하는 것은 매우 유익하다. 그리스도께서 그들에게 품으시는 감정을 생생하게 떠올려야 한다. 그리스도는 그들을 대신하여 죽으실 만큼 그들을 사랑하셨다. 이 진리를 되새기면 다른 사람을 향한 미움과 무관심에서 벗어날 수 있다.

☑ **"하나님의 나라는 먹는 것과 마시는 것이 아니요**
　　오직 성령 안에 있는 의와 평강과 희락이라."

하나님의 나라는 "성령 안에 있는 의와 평강과 희락"의 문제다. 우리의 '지식'을 잘못 사용하면 오히려 사람들이 이런 것에서 멀어져 사소한 것들에 집착하게 만들 수 있다.

☑ **"그리스도를 섬기는 자는 하나님을 기쁘시게 하며."**

중요한 것은 하나님이 무엇을 기뻐하시는지에 관한 옳은 답을 찾는 것이 아니다. 우리가 의와 평강과 희락 안에서 그리스도를 섬기면 하나님이 기뻐하신다. 하나님이 기뻐하시는 것보다 기독교의 정통 교리를 아는 것이 더 중요할까?

☑ **"우리가 화평의 일과 서로 덕을 세우는 일을 힘쓰나니."**

우리의 목표는 화평의 일과 덕을 세우는 것이다. 그런데 우리는 자꾸만 지적하고 배척한다. 하나님 앞에서 옳은 사람은 다 우리처럼 입고 행동하고 생각할까? 전혀 그렇지 않다.

목자들에게 각자 하나님 앞에서의 양심에 따라 양 떼를 칠 자유를 주어야 한다. 이것이 쉽다는 말은 아니다. 하지만 계속해서 사랑에 초점을 맞춰 보라. 그러면 전혀 생각지도 못했던 방식으로 연합이 이루어질 것이다.

하나의 몸, 한 분이신 성령

에베소서 4장 1-3절에서 바울은 우리에게 "너희가 부르심을 받은 일에 합당하게 행하여 모든 겸손과 온유로 하고 오래 참음으로 사랑 가운데서 서로 용납하고 평안의 매는 줄로 성령이 하나 되게 하신 것을 힘써 지키라"라고 권면한다. 보다시피 그는 우리가 성령의 하나 되게 하심을 이루어 내라고 말하지 않고, 그 연합을 "지키라"고 말한다.

또한 이어서 바울은 "몸이 하나요 성령도 한 분이시니"라고 말한다. 궁극적으로 누가 하나님의 자녀로 불릴지를 결정하는 것은 우리가 아니다. 어디까지나 하나님이 결정하신다. 그리고 하나님이 우리가 구원받았음을 확증하시는 증거는 성령의 내주하심이다.

사도행전 10-11장에 기록된 초대 교회의 모습에서 이것을 확인할 수 있다. 베드로는 하늘에서 '속된' 짐승들을 싼 보자기가 내려오는 환상을 본다. 그 직후 한 이방인 신자의 집으로 가라는 명령이 내려온다. 베드로가 그 신자와 그 온 식솔들에게 설교를 하자 성령이 그들에게 임하신다. 그런데 예루살렘으로 돌아온 베드로는 할례를 받지 않은 이방인들과 어울렸다는 이유로 유대인 신자들에게 질책과 비판을 받는다. 이에 베드로는 이방인 가정에 성령이 임하신 이야기를 한다. 사도행전 11장 18절은 이렇게 말한다. "그들이 이 말을 듣고 잠잠하여 하나님께 영광을 돌려 이르되 그러면 하나님께서 이방인에게도 생명 얻는 회개를 주셨도다 하니라."

당시 성령에 대한 경외감은 절대적이었다. 그래서 설령 자신들의 문화적 기준과 뿌리 깊은 신념에 반한다 해도 하나님이 깨끗하다고 한 것을 속되다고 부를 수 없었다.

분별력이나 지혜의 이름으로 우리가 성령의 자리를 훔치지 않도록 매우 조심해야 한다. 하나님이 그분의 자녀 가운데 한 명의 비방도 결코 가볍게 여기시지 않음을 분명히 기억해야 한다. 지금 나는 일곱 자녀를 두고 있다. 그런데 만약 여섯 자녀가 작당해서 한 형제를 가족에서 제외시키기로 결정한다면? 생각만 해도 끔찍하고 속상하다. 어쨌든 우리 아이들이 서로 아무리 싸우거나 서로 아무리 달라도 언제까지나 우리는 한 가족으로 남을 것이다. 모두 같은 DNA를 갖고 있으니까 말이다.

우리는 '성령의 임재'보다 '교리'를 기준으로 삼아 다른 신자들을 판단할 때가 너무도 많다. 예전에는 나 역시 그랬다. 우리가 곁가지 문제에서 신학적으로 완벽히 일치하는 것보다 성령의 임재를 우선시한다면 훨씬 더 다양하고 아름다운 신자들의 가족이 탄생할 것이다. 그 가족은 우리가 선택한 가족이 아니라 하나님이 만들어 주신 가족이기 때문이다.

한 식탁에 다 함께 초대받다

하나 됨이라는 개념을 이해하는 한 가지 방법은 하나님이 우리 모두를 식탁으로 부르신다고 상상하는 것이다. 성경은 슬픔과 반역, 의심, 고통의 장면이 이어지다 주의 백성이 하나님과 함께 혼인 잔치에 참여하는 장면으로 끝맺는다. 지금도 식탁은 차려져 있고, 이 세상에서 하나님이 역사하시는 목적은 우리를 그 식탁에 앉아 먹게 하시는 것이다.

예수님의 탕자 비유(눅 15:11-32)에서 한 아들은 받은 유산을 마음껏 쓰기 위해 집을 나가고, 다른 아들은 아버지와 함께 집에 머문다. 동생인 탕자가 만신창이가 되어 집으로 돌아오자 아버지는 버선발로 달려 나가 와락 안고 아들의 지위를 회복시켜 준다. 그리고 아들이 돌아온 것을 축하하는 성대한 잔치를 연다. 하지만 형은 잔치에 참여하기를 거부한 채 집 밖에서 잔뜩 찌푸린 얼굴로 씩씩대고 있다.

우리는 이 이야기에서 아들들에만 초점을 맞추는 경향이 있다. 하지만 아버지에게도 주목해야 한다. 아들들에 대한 아버지의 목표는 무엇인가? 둘을 식탁에 나란히 앉히는 것이다! 각 아들이 각자의 방식으로 거부하는 것은 무엇인가? 그것은 가족의 식탁에 앉는 것이다.

왜 하필 식탁인가? 식탁은 축하하는 자리다. 관계, 치유, 함께함, 평등, 은혜, 복의 자리다. 두 아들은 아버지와 함께하는 식탁으로 초대를 받았다. 교실이나 성전이 아닌 식탁으로. 아버지가 원한 것은 교육이나 의식이 아니었다. 아버지는 관계를 원했다. 아버지는 아들들이 줄 수 있는 것이 아니라 아들들 자체를 원했다.

분열을 일으키는 미성숙한 행동의 한 가지 형태는 자신의 욕망을 좇아서 아버지에게서 도망치는 것이다. 쾌락이나 입신양명 혹은 독립을 추구해 먼 나라로 갔다 해도 마음을 고쳐먹으면 모든 수치를 뒤로한 채 있는 모습 그대로 아버지께로 돌아갈 수 있다. 사치를 좇는 삶이나 자신의 이름을 세상에 알리려는 삶을 그만둘 수 있다. 마음 깊은 곳에서는 아버지와의 관계가 가장 소중하고 의미 있는 것인 줄 알면서도 그 관계로부터 도망치던 것을 그만둘 수 있다.

아버지께서 부르신다. "어서 집으로 와. 나와 함께 식탁에 앉아서 먹자. 이제 잔치를 벌일 시간이다."

또 다른 형태의 분열을 일으키는 미성숙한 행동은 종교적인 형처럼 밖에 서 있는 것이다. 그는 동생이 죄를 지었다는 이유로 잔치에 참여하기를 한사코 거부한다. 동생에 대한 징계, 하다못해 실수를 만회할 성과라도 요구하고 싶은 마음을 버리면 자기 의를 내려놓고 있는 모습 그대로 아버지께로 돌아갈 수 있다.

우리는 각자 자신과 다른 모든 형제들이 식탁에 속했다는 사실을 깨달아야 한다. 아무도 배제해서는 안 된다. 식탁이 모두 앉도록 마련된 것임을 깨달아야 한다. 성과를 축하하려는 마음을 버리고 대신 '사람들'을 축하해야 한다. 사랑 안에서 먼저 아버지의 초대를 받아들이고 나서 아버지와 나란히 서서 탕자를 잔치 자리로 초대해야 한다.

아버지께서 부르신다. "어서 집으로 와. 나와 함께 식탁에 앉아서 먹자. 이제 잔치를 벌일 시간이다."

지난날 어떤 죄를 지었든, 지금 어떤 죄를 짓고 있든 우리는 하나님의 식탁으로 초대를 받았다. 단, 그냥 먹고 마시는 자리가 아니다. 축하하는 자리다. 무엇을 축하할까? 바로 '모두'가 다시 식탁에 둘러앉았다는 사실을 축하하는 자리다. 홀로 혹은 자신이 좋아하는 사람들과만 축하해서는 안 된다. 잔치는 아버지의 기쁨에서 흘러나오며, 아버지는 모든 자녀가 한자리에 모일 때 비로소 기뻐하신다. 아직 정결해지지 않은 자녀들과 다른 참석자들의 명단을 보고서 오기를 꺼리는 자녀들까지 빠짐없이 다 모일 때 하나님은 비로소 기뻐하신다. 그들 모두가 이 식탁에 속했다.

축하란 '함께' 먹고 마시는 것이다. 모두가 '동등한' 자격으로 즐기는 것이다. 단순한 악수나 접촉 정도가 아니다. 성대한 잔치다. 그리고 잔치의 핵심은 모두 함께 있다는 사실을 즐기는 것이다.

요한일서의 내용이 기억나는가? 우리를 하나님의 진정한 자녀로 만들어 주는 것은 정확한 교리를 유지하는 것이 아니다. 중요한 것은 하나님의 사랑을 받았느냐, 그분의 계명을 지키느냐, 그분의 사랑이 우리에게서 주변 사람들에게 흘러 나가느냐 하는 것이다. 우리가 구석마다 삼삼오오 모여서 험담을 하기보다는 다 함께 식탁에 둘러앉아 서로의 눈을 쳐다보며 관계를 즐긴다면 교회의 모습이 얼마나 달라질까? 다 함께 잔치를 벌이면 어떤 일이 벌어질까?

우리를 하나님의 진정한 자녀로

만들어 주는 것은

정확한 교리를 유지하는 것이 아니다.

중요한 것은 하나님의 사랑을 받았느냐,

그분의 계명을 지키느냐,

그분의 사랑이 우리에게서

주변 사람들에게 흘러 나가느냐 하는 것이다.

우리가 참여하든 참여하지 않든 잔치는 열릴 것이다. 다른 참석자 명단이 마음에 들지 않는다고 형제자매들과의 잔치에 합류하지 않을 텐가? 아버지와 나란히 앉아서 먹고 마시기를 계속해서 거부할 텐가?

chapter 7

'갈라진 틈에 서서'
참된 화평을 위해
힘써 싸우라

† 싸울 영역 분별하기 †

화평하게 하는 자는 복이 있나니 그들이 하나님의 아들이라

일컬음을 받을 것임이요(마 5:9).

"화평하게 하는 자"(peacemaker)들은 연합을 사랑하고 본래
싸움을 싫어한다. 문제는 싸움 없이는 결코 연합이 이루어
지지 않는다는 것이다. 우리에게 원수가 있다는 사실을 잊
지 말라. 원수는 늘 우리를 속이고, 우리를 갈라놓으려 한다.
사탄은 우리가 하나님과 서로에게서 등을 돌리기를 원한다.
사탄은 교회가 하나 됨을 이루도록 가만히 지켜만 보고 있지
않는다. 따라서 하나 됨을 이루려면 싸움을 피할 수 없다. 그
리고 당연히 이 싸움이라는 것은 화평하게 하는 자들의 천성
에 맞지 않다.

예수님이 가장 큰 화평(화목)을 이루신 분이라는 사실을
잊지 말라. 예수님은 우리와 하나님 사이에 화평을 이루셨
다. 그런데 그런 엄청난 화평을 이루신 분이 당시 종교 지도
자들에게는 가혹한 말을 퍼부으셨다. 이것은 전혀 모순이
아니다. 사탄은 하나님의 백성이 하나님의 명령과 우선 사
항들이 아닌 엉뚱한 것들에 몰두하게 하려고 그들 가운데에
종교 지도자들을 보냈다.

화 있을진저 외식하는 서기관들과 바리새인들이여 너희가

박하와 회향과 근채의 십일조는 드리되 율법의 더 중한 바

정의와 긍휼과 믿음은 버렸도다 그러나 이것도 행하고 저것도

버리지 말아야 할지니라 맹인 된 인도자여 하루살이는 걸러

내고 낙타는 삼키는도다(마 23:23-24).

예수님은 모든 문제의 경중이 똑같지 않다고 분명히 말씀하신다. "더 중한" 문제들이 있다. 예수님은 지난 장의 끝에서 가장 큰 계명을 선포하신 것처럼 이번에는 정의, 긍휼, 믿음이라는 우선 사항들을 강조하신다. 그런데 여기서 예수님이 긍휼을 강조하는 동시에 종교 지도자들에게 매우 거친 말씀을 하시고 있다는 점에 주목할 필요성이 있다. 예수님은 종교 지도자들의 얼굴이 새빨개질 만큼 심한 말을 쏟아내신다. 이 모습에서 우리는 그릇된 것들을 강조하는 자들을 강하게 질책하며 탁자를 뒤엎는 것이 적절할 때가 있다는 사실을 배울 수 있다.

다만 우리는 누군가의 잘못을 지적할 때 아주 조심해야한다. 우리에게는 예수님만 한 분별력이 없기 때문이다. 하지만 동시에 이 땅에서 우리의 목표는 예수님처럼 사는 것이다. 하나님의 사람들이 잘못된 대접을 받거나 하나님의 집

이 더럽혀질 때 침묵하는 것은 죄다.

부당한 분열을 막는 싸움

고린도전서 시작부터 네 개 장에 걸쳐 분열을 멈추라고 촉구했던 바울은 특정 사람들을 교회에서 내보내라는 조언으로 5장의 포문을 연다. 하나님이 그리스도의 신부에게서 원하시는 연합을 이루기 위해서는 눈물을 머금고 내보내야 할 사람들이 있다. 잘못된 신학을 지적한다거나 죄를 회개하지 않는 것을 질책한다거나 불필요한 분열을 조장하는 무리를 내보내는 것은 사랑 없는 행위가 아니라 오히려 사랑의 행위다.

매일같이 많은 사람이 오랫동안 몸담았던 사역 단체를 욕하며 나와서 새로운 단체를 설립한다. 설령 기존의 사역 단체를 보는 그들의 신학적 평가가 옳다 해도 비방과 분열은 엄연히 잘못된 것이다. 이런 자들을 계속 받아 줄 수는 없다.

그리스도의 몸에 속한 사람들을 함부로 내치지 않도록 극도로 조심해야 하지만, 교회에 계속해서 피해를 입히는 자들은 눈물을 머금고 내보낼 필요가 있다.

이제 내가 너희에게 쓴 것은 만일 어떤 형제라 일컫는 자가
음행하거나 탐욕을 부리거나 우상숭배를 하거나 모욕하거나
술 취하거나 속여 빼앗거든 사귀지도 말고 그런 자와는 함께
먹지도 말라 함이라 밖에 있는 사람들을 판단하는 것이야
내게 무슨 상관이 있으리요마는 교회 안에 있는 사람들이야
너희가 판단하지 아니하랴 밖에 있는 사람들은 하나님이
심판하시려니와 이 악한 사람은 너희 중에서 내쫓으라(고전 5:11-
13).

고린도전서 5장과 같은 구절들은 받아들이기가 영 쉽지
않다. 우리는 죄의 심각성을 축소하고 은혜를 오해하는 문
화에서 살기 때문이다. 바울은 스스로 "형제"라고 부르는 자
들을 판단하라고 분명히 명령한다. 그런데 엉뚱하게도 많은
사람이 특정 전제가 있었던 "비판(판단)하지 말라"는 예수님
의 명령을 '모든 상황에' 적용하고 있다.

물론 바울은 바로 전 장에서 교회를 향해 "때가 이르기
전 곧 주께서 오시기까지 아무것도 판단하지 말라 그가 어
둠에 감추인 것들을 드러내고 마음의 뜻을 나타내시리니"라
고 말했다(고전 4:5). 그런데 지금은 교회 안에 있는 사람들을
판단하라고 명령한다. 얼핏 모순처럼 들리지만 성경 말씀이

그럴 리는 없다.

예수님은 '남들을 쉽게 판단하면서 자신은 판단받을 이유가 없다고 생각하는 사람들'에게 판단하지 말라는 명령을 하신 것이다.

> 비판을 받지 아니하려거든 비판하지 말라 너희가 비판하는
> 그 비판으로 너희가 비판을 받을 것이요 너희가 헤아리는 그
> 헤아림으로 너희가 헤아림을 받을 것이니라(마 7:1-2).

예수님은 남의 작은 잘못을 찾느라 바빠 자신의 거대한 죄는 보지 못한 자들의 태도를 바로잡기 위해 이같이 명령하신 것이다. 이는 권위를 지닌 모든 사람에게 주시는 엄중한 경고다. 우리는 권위를 사용할 때마다 우리가 훨씬 더 높은 권위 아래 있다는 사실을 잊지 말아야 한다.

그런데 이 명령은 '모든 경우에' 판단하지 말라는 말씀이 아니다. 예수님은 사람들을 교회에서 내보내야 할 때도 있다는 사실을 분명히 말씀하셨다. 마태복음 18장 15-20절에서 예수님은 신자들의 무리 속에 있는 회개할 줄 모르는 사람에 관해 말씀하신다. 예수님은 그의 회개를 위해 교회가 취해야 할 사랑의 행동들을 알려 주신다. 하지만 그가 한 신

자 혹은 신자들, 심지어 교회 전체가 사랑으로 하는 쓴소리마저 한사코 듣기를 거부한다면 더 이상 신자로 간주하지 말아야 한다.

많은 사람이 누구든 교회에서 내보내는 것은 사랑 없는 행동이라고 생각한다. 하지만 오히려 정반대다. 그것은 교회 전체를 위한 일일 뿐 아니라 완악한 그 사람을 위한 것이기도 하다.

주 예수의 이름으로 너희가 내 영과 함께 모여서 우리 주 예수의 능력으로 이런 자를 사탄에게 내주었으니 이는 육신은 멸하고 영은 주 예수의 날에 구원을 받게 하려 함이라(고전 5:4-5).

어떻게 '이런 자를 사탄에게 내주는' 것이 사랑의 행위일 수가 있을까? 그렇게 하는 목적을 봐야 한다. 바로 그의 "육신은 멸하고 영은 주 예수의 날에 구원을 받게" 하려는 것이다. 여기서 바울은 심판의 날을 염두에 두고 있다. 그는 이 사람의 영원한 운명을 걱정하고 있다. 회개하지 않는 사람들을 교회에서 내보내 사탄에게 내주는 것은 그들의 영원한 유익을 위한 것이다.

그들을 권위의 자리에서 끌어내리고 사랑의 공동체 밖으

로 내보내 사탄의 손에 넘기는 것은 계속해서 죄 속에 뒹구는 삶이 얼마나 허망하고 불만족스러운지를 그에게 일깨우기 위해서다. 그가 교회 공동체의 부재를 직접 경험하고서 죄의 즐거움이 진정한 공동체의 즐거움에 비할 바가 못 된다는 사실을 절실히 깨닫게 만들기 위해서다. 죄 때문에 육신이 파괴되면 다시 교회로 돌아올 가능성이 있다.

단, 이는 죄를 짓되 끊임없이 회개하고 하나님께로 돌아오는 사람들에게 해당되는 이야기가 아니다. 하나님과 믿음의 형제자매 앞에서 자신의 죄를 끝까지 인정하지 않고 계속해서 죄를 짓는 이들에게 해당되는 이야기다.

아마도 현대 교인들의 99퍼센트는 누군가를 교회에서 내보내는 것을 잔인하다 생각해 절대 하지 않으려고 할 것이다. 그러면서 예수님과 바울의 방법보다 더 좋은 방법이 분명 있다고 궁리한다. 그들은 스스로 그리스도인이라고 생각하는 사람을 교회에서 내보내는 것은 절대 옳지 않다고 생각한다.

당신의 시각이 현재 가장 널리 인정되는 시각이라고 해도 그것이 꼭 가장 성경적인 시각은 아닐 수 있다는 점을 기억하길 바란다. 나는 내 방식이 그리스도의 방식과 다를 때는 무조건 그분의 방식을 더 낫게 여긴다.

우리가 어린 나이부터 배우는 것 하나는 남을 비판하기가 언제나 더 쉽다는 것이다. 어딜 가나 센 녀석들은 자신의 우월함을 과시할 요량으로 남들을 놀린다. 그들에게 괴롭힘을 당하는 아이의 편을 들면 다음번 표적이 되기 십상이다. 언제나 무리가 욕하는 사람을 함께 욕하는 편이 더 안전하다. 다른 아이들이 선생님이나 부모님, 또래 친구를 욕할 때 함께 욕해야 그 욕 화살이 내게 날아오지 않는다.

오늘날 교회 안에서도 마찬가지다. 억울하게 당하는 것처럼 보이는 리더를 위해서 한번 나서 보라. 실제로 말실수를 하거나 죄를 지은 리더에게 격려의 말을 해 주는 일은 더더욱 위험하다. 현대 교회 문화에서는 어떤 리더에 대해서도 좋은 발언을 하기가 매우 어렵다. 부정적인 발언이 훨씬 더 많은 찬사를 받고, 혹시 비판을 받더라도 훨씬 약한 비판을 받는다. 이렇다 보니 믿음의 형제자매를 변호하는 목소리는 점점 줄어들고, 공격하는 목소리의 숫자와 강도는 점점 높아만 가는 실정이다.

어느 리더에게나 조그만 틈만 보이면 그와 그의 지지자들을 공격하려는 비판자들의 무리가 있다. 나도 어떤 사람에게 친절하게 말한 것을 철회하지 않으면 다음번 표적이 될 것이라고 협박하는 이메일과 전화를 숱하게 받아 보았다. 그럴 때면 다시 중학교 시절로 돌아간 기분이다. 내가 센 친구들과 어울리기 위해 특정한 형제자매를 따돌려야 할까? 아니면 성령의 내주하심이 분명히 감지되는 사람들을 버리기를 끝까지 거부해야 할까? 아니면 여러 사람이 실제로 추천한 방법을 써야 할까? 그 방법은 그 사람들과 어울리되 남들이 보지 않는 곳에서만 어울리고 그들과의 관계를 대외적으로는 절대 인정하지 않는 것이다. 혹시 내가 과장하고 있다고 생각하는가? 나도 과장이었으면 좋겠다.

기독교 리더로 살아가기에 매우 힘든 시대다. 물론 쉬웠던 적은 없지만 이만큼 힘든 적이 없었다. 그런데 이것이 꼭 나쁜 일인 것만은 아니다. 바울은 복음 전도로 고난을 당할 뿐 아니라 교회 안에서도 공격을 받았다. 그는 교회가 자신과 대립하지 않고 협력하기를 바라는 마음에서 고린도후서를 썼으며, 첫 번째 장에서 다음과 같은 강력한 발언을 한다.

우리는 우리 자신이 사형 선고를 받은 줄 알았으니 이는 우리로 자기를 의지하지 말고 오직 죽은 자를 다시 살리시는 하나님만 의지하게 하심이라(고후 1:9).

인생에서 가장 힘든 시기는 우리가 부활의 하나님을 의지할 수밖에 없게 만든다. 바울은 이것을 좋은 일로 보았고, 물론 우리도 그래야 한다. 그런데 누군가는 이것을 근거로 들면서, 기독교 리더는 강해져야 한다고 주장할 수 있다. 또 교회에서 리더의 자리에 있는 사람이라면 쉽게 낙담해서도 안 되고, 우울해서도 안 되고, 자살 충동 같은 건 전혀 느껴서는 안 된다고 말할 수 있다. 맞는 말일지도 모르겠지만, 이런 식으로 리더들이 벼랑 끝까지 몰리는 것이 과연 모두 하나님의 뜻일까?

나는 위기에 처하거나 위기를 넘어 이미 포기한 목회자들을 많이 만나 보았다. 그들은 지역사회에 가득한 죄, 교회를 떠나는 교인들, 이혼이나 우울증, 중독에 시달리는 교인들, 나아가 자신이 당하는 시험과 가정 문제, 재정적 어려움, 더 나은 리더들과 비교되는 상황으로 좌우에서 쉴 새 없이 난타당하고 있다. 그러다 결정타가 날아온다. 자기 편에 서주리라 굳게 믿었던 사람들이 뒤통수를 친 것이다.

리더들을 좀 불쌍히 여겨 달라는 말이 아니다. 어떤 시련도 좋은 것으로, 자신이 아닌 죽은 자까지 살리신 하나님을 믿을 기회로 여기는 리더들이 언제나 있기 마련이다. 다만 꼭 이래야만 하느냐는 것이다. 우리가 함께 연합을 위해 싸우면 서로에게 유익하고 교회의 미래가 더 밝지 않을까? 리더들이 하나님을 보듯 교회를 볼 수 있다면 얼마나 좋을까? 한마디로, 리더들에게 교회가 언제라도 달려갈 수 있는 곳이 된다면?

최근 똑같은 뉴스를 대하는 마음이 달라졌다. 이제는 기독교계 리더들이 자살을 하거나 불륜을 저지르거나 신앙을 버렸다는 뉴스를 들으면 내가 그 문제에 뭔가 일조하지는 않았는지 진지하게 되돌아본다. "내가 나섰다면 상황이 조금이라도 나아지지 않았을까? 내가 그리스도인들의 연합을 위해 싸우지 않은 탓에 점점 더 많은 사람이 연합을 헛된 꿈으로 여기고 있지는 않은가? 교회가 진정으로 하나가 되어 초자연적인 사랑을 온 세상에 보여 주었다면 상황이 달라지지 않았을까?"

두어 해 전, 기독교계 리더십들이 비판의 소리에 더 잘 반응하도록 돕기 위한 글을 쓴 적이 있다. 여기서 그 내용의 일부를 나누고 싶다. 나를 포함해서 리더의 자리에 있는 사역자들은 그릇된 태도로 반격하거나 낙심해서 아예 반응하지 않거나 둘 중 하나로 흐를 때가 많다. 성경은 '사랑으로 경건하게 반응하는 법'을 가르쳐 준다. 이렇게 할 때 교회는 연합을 향해 성큼 나아갈 수 있다.

휴대폰과 인터넷이 등장하기 이전 시대를 기억하는 목사들도 있을 것이다. 그때는 누군가를 비판하려면 직접 찾아가야 했다. 사람들을 끌어모으려면 그들을 직접적으로 알아야 했다.

그런 시대는 이미 까마득한 옛날이 되었다. 이제 우리를 생판 모르는 사람이 우리에 관한 어떤 글이라도 써서 순식간에 사람들의 관심을 끌 수 있는 세상이 되었다. 사실, 비난의 내용이 극단적일수록 더 많은 관심이 쏠린다. 그렇다고 해서 우리는 화를 낼 수 없다. 주권자 하나님이 우리를 이 시대에 보내기로 선택하셨으니 그분이 강함과 사랑으로 이 상황을 헤쳐 나갈 은혜를 주실 줄 믿어야 한다.

기독교 리더십들에게 도움이 될까 싶어 그동안 내가 배운 몇 가지를 나누고자 한다.

과민하게 반응하지 말라

잘못된 교리를 지적하는 말에 화를 내는 리더들을 꽤 많이 봤다. "오만한 개혁파 보수주의자들(Reformed conservatives) 같으니라고! 지들이 뭔데 우리를 판단해?" 하지만 이런 발언

주권자 하나님이

우리를 이 시대에 보내기로 선택하셨으니

그분이 강함과 사랑으로

이 상황을 헤쳐 나갈 은혜를 주실 줄

믿어야 한다.

은 상황 해결에 별로 도움이 되지 않는다. 개혁파 보수주의 출신으로서 나는 우리 진영에도 그리스도를 사랑하고 은혜와 능력으로 충만한 겸손한 사람들이 적지 않다고 자신 있게 말할 수 있다. 이들도 그리스도의 몸에 꼭 필요한 지체들이다.

물론 자신들의 성경 해석이 가장 정확하다고 맹목적으로 믿으면서 그에 맞지 않으면 이단이라고 맹공격을 퍼붓는 이들을 보노라면 답답하고 화도 난다. 하지만 몸의 어떤 지체에게 "너는 필요하지 않아"라고 말하지 말라는 하나님의 명령을 잊지 말아야 한다.

당연히 정확한 성경 해석은 중요하다. 장로의 역할 가운데 하나는 거짓 교리를 찾아서 지적하는 것이다.

거짓 교사들에게서 세상을 구하겠다고 블로그나 팟캐스트를 시작하는 사람들이 다 기독교에 복이 된다는 말이 아니다. 심지어 그들을 다 신자로 인정할 수도 없다. 다만, 그리스도의 몸 안에는 진리를 위해 싸울 용기가 있는 이들이 필요하다. 그 과정에서 우리 모두가 실수를 할 수밖에 없지만 그럼에도 진리를 위한 싸움은 반드시 필요하다. 뭐든 절대적인 것은 없다고 믿는 시대에 절대 진리를 소중히 여기는 사람들을 보내 주신 하나님께 감사해야 마땅하다.

자신의 잘못을 기억하라

무엇보다 이것은 내게 해당하는 이야기다. 오랫동안 나는 "은사주의 신학자"라는 것이 모순어법이며 스스로를 "가톨릭 신자"로 부르는 사람은 모두 지옥에 갈 것이라고 굳게 믿었기 때문이다. 아이러니한 것은 내가 스스로를 "은사주의 가톨릭 신자"로 부르는 몇몇 사람들과 친분을 맺었다는 것이다. 그들은 그리스도의 피를 통한 구원을 절대적으로 믿고 성경을 누구보다도 열심히 공부한다.

그렇다고 해서 자신의 환상만 믿고 성경을 경시하는 은사주의자들이 많지 않다거나 스스로를 가톨릭 신자로 부르는 자들 가운데 그리스도의 으뜸 되심을 경시하는 자들이 많지 않다는 말은 아니다. 단지 내가 교만하게도 어떤 집단을 싸잡아서 매도한 적이 많았고, 이 부분에서 하나님이 계속해서 나를 바로잡고 계신다는 말을 하는 것이다.

나는 다른 사람을 교만한 투로 가혹하게 비난했던 적이 있고, 지금은 최대한 사과를 했다. 때로는 내가 완전히 오해한 경우도 있었다. 내가 옳았지만(최소한 내 생각에는 말이다) 그들의 신학을 지적할 때 사랑으로 하지 못한 경우도 있었다. 자신의 잘못을 기억하면 잘못되어 보이는 사람들을 은혜로 대하는 데 도움이 된다.

사랑하기를 멈추지 말라

성경은 "너희를 저주하는 자를 위하여 축복하며"라고 명한다(눅 6:28). 예수님은 우리가 악을 악으로 갚는다면 불신자나 다름없다고 말씀하신다. 우리는 사랑하기를 멈추지 말아야 한다. 특히, 스스로를 그리스도인이라 부르는 사람들에게는 더욱 그러해야 한다. 우리가 모든 사람에게 은혜롭게 반응할 때 비로소 세상 사람들이 우리를 하나님의 자녀로 볼 것이다(마 5:44-47).

조심하라! 원한을 품고 있다면 주기도문의 다음 부분을 암송하지 않는 편이 낫다. "우리가 우리에게 죄지은 자를 사하여 준 것같이 우리 죄를 사하여 주시옵고." 우리에게 겸손과 용서가 부족한 탓에 하나님이 우리에게서 은혜를 거두시면 큰일이지 않은가.

하나님의 명령은 언제나 생명으로 이어진다는 사실을 기억하라. 분노하는 편이 언제나 더 쉽지만 순종은 더 큰 생명으로 이어진다. 나에 대한 음해성 발언을 인터넷에 올린 한 사람을 위해 종일 금식하며 기도했던 기억이 난다. 믿었던 사람에게 심한 욕설까지 듣는 것은 보통 괴로운 일이 아니다.

혹시 나를 너무 대단하게 여길까 봐 고백하면, 내 머릿속에 가장 먼저 떠오른 생각은 복수였다. 가장 먼저 느낀 감정은 분노였다. 내가 기도와 금식을 통해 사랑으로 나아간 것은 어디까지나 하나님의 은혜와 성령의 강권하심 덕분이었다. 그 결과는 이해할 수 없는 평강이었다. 누군가에게 공격당할 때 좀처럼 경험하기 힘든 평강이 나를 감쌌다. 하나님은 우리에게 기도하라고 명령하시는데, 때로 그것은 상대방이 아니라 우리 자신을 위해서다.

잘못된 공격들에 너무 신경 쓰지 말라

어릴 적부터 나는 미식축구 경기 보는 것을 좋아했다. 언젠가 경기 도중에 웬 남자가 필드로 난입했던 시합이 기억난다. 경찰들이 남자를 쫓는 광경을 보며 배꼽이 빠져라 웃었다. 남자는 붙잡히고도 놀라기는커녕 실실 웃었다. 남자의 목적은 관심을 끄는 것이었고, 결과는 대성공이었기 때문이다. 텔레비전 중계를 지켜보던 수백만 시청자의 관심을 끌었다.

그런데 그다음 주에 어떤 일이 벌어졌을까? 또 다른 남자가 똑같은 방식으로 똑같은 관심을 끌었다. 그런 일이 몇 주간 계속 이어지면서 점점 더 요란한 복장을 하고 더 요란한 행동을 하는 사람들이 나타났다. 몇 주 뒤 ABC 방송국은 필드로 난입한 사람 쪽으로 카메라를 돌리지 않기로 결정했다. 그랬더니 더 이상 경기장 난입은 일어나지 않았다.

바로 이것을 배워야 한다. 사람들은 관심을 끌기 위해 별
짓을 다할 텐데, 때로는 그냥 무시하는 것이 상책이다. 상종
해 봐야 더 큰 피해를 입기 십상이다. 현대의 한 철학자는 다
음과 같은 말을 했다.

"내가 당신을 쏘면 나는 멍청한 것이다. 하지만 당신이 나를
쏘면 유명해질 것이다."–제이 지[4]

성경도 사실상 같은 말을 하고 있다.

분파를 일으키는 사람은 한두 번 타일러 본 뒤에
물리치십시오(딛 3:10, 새번역).

그만두지 말라

설교하기를 그만두거나 또는 소극적으로 설교하지 말라.
두려움에 움츠러들기 쉽다. 누구보다 지지해 주어야 할 사
람이 공격을 하면 인생을 살기가 싫어진다. 다 그만두고 싶
어진다. 그러지 말라. 꿋꿋이 버티라. 언젠가 볕이 들 날이
올 것이다.

움츠러들지 말라. 또다시 비판이 날아올까 무서워 '안전한' 것들만을 주제로 설교할 수 있다. "성령의 임재가 아닌 비판의 부재를 위해 설교하는 목회자들이 있다." 한 설교자에게서 이 말을 듣고 정신이 번쩍 들었던 기억이 있다. 쉽게 굴복해서는 안 된다. 계속해서 성령이 이끄시는 대로 설교하라.

물론 야고보는 교사들이 더 엄격하게 판단을 받기 때문에 조심해야 한다고 가르친다. 하지만 그의 다른 말도 기억해야 한다. "만일 말에 실수가 없는 자라면 곧 온전한 사람이라"(약 3:2). 세상에 온전한 자 곧 완벽한 사람은 없다. 따라서 우리는 실수할 수밖에 없다. 말실수도 할 수밖에 없다. 대화를 마치고 나면 항상 주워 담고 싶은 말이 있기 마련이다. 단지 요즘 시대 설교자들은 카메라가 돌아가는 상황에서 말을 하다 보니 더 부담이 클 뿐이다. 그래도 할 말은 해야 한다.

시선을 예수님께로 돌리라

비난에 관해 너무 생각하다가 하나님의 영광을 생각할 마음의 여유가 사라지는 경우가 많다(시 34:1; 빌 4:8). 사탄은 이렇게 우리의 마음이 추락하는 것을 가장 좋아한다. 원수의 거짓말에 속아 넘어가지 말라. 지금 당장 당신은 문제에서 눈을 떼어 하나님의 위대하심을 바라볼 수 있다.

누가복음 18장 9-14절에 나오는 바리새인과 세리의 이야기를 읽어 보라. 이 바리새인은 자기 외에 모든 사람을 얕잡아 보았다. 그의 잘못은 세리를 내려다본 것만이 아니라 그러기 위해서 하나님에게서 눈을 뗀 것이다. 하나님에게서 너무 오랫동안 눈을 떼고 있으면 우리만 손해가 아니라 우리가 영향을 끼치려는 사람들도 손해다. 이렇게 되고 싶지는 않지 않은가?

점점 더 쉬워질 것을 믿으라

처음 지독한 비난을 받았던 때가 기억이 난다. 너무 큰 충격을 받아서 정신을 차릴 수 없을 지경이었다. 나는 아내와 함께 개척한 코너스톤교회에서 목사로 섬기고 있었다. 당시는 개척한 지 10년쯤 된 해였는데, 교인수가 수천 명으로 불어난 터라 더 큰 성전을 짓기로 결정했다.

부지를 매입했는데 영 마음이 편치 않았다. 굶주리고 고통받는 사람들이 생각나 건물에 수백만 달러를 쏟아붓기가 망설여졌다. 문득 우리가 따뜻한 캘리포니아 남부에 살고 있다는 사실이 떠올랐다. 그래서 '그래, 건물을 포기하고 그냥 풀밭에서 모이자. 그러면 그 모든 돈을 힘든 사람들에게 나눠 줄 수 있잖아!'라고 생각했다.

교인들도 내 의견을 지지해 주었고, 한 지역 신문사에서 관심을 보이며 나를 인터뷰했다. 흥분되는 시간이었다. 온 교회가 열정으로 불타올랐고, 이제 가난한 사람들을 위해 기꺼이 희생하려는 우리 교인들의 이야기를 온 세상이 듣게 되었다.

그러나 뒤통수를 제대로 맞았다. 다음날 신문에는 떡하니 "법망을 피해 가려는 지역 목사"라는 제목으로 기사가 났다. 그 황당한 보도에 내가 받았을 충격이 짐작이 가는가?

기사는 온통 우리가 매입한 부지에 관한 내용으로 도배되어 있었다. 내가 건물이 들어설 수 없는 곳으로 군중을 불러 모아 환경을 파괴하려고 한다는 비난성 기사였다. 기자는 내가 그 지역에 대한 특별 사용 허가를 요청하지 못하도록 온 주민이 나서서 막아야 한다고 촉구했다. 문제가 있다면 일단 내게 직접 말하고 이해를 구하면 될 것을. 하지만 그는 뒤에서 나를 공격하고, 게다가 내가 법을 어기려 한다는 모함까지 했다. 당시는 마침 뉴스 기사가 처음 인터넷에 올라오고 사람들이 댓글을 남길 수 있게 된 때였다. 악의에 찬 댓글을 읽을수록 화가 치밀고 슬픔이 밀려오고 깊이 낙심했다.

부당한 공격은 깊은 상처를 안겨 준다. 하지만 장담하건

대, 은혜롭게 반응하면 점점 쉬워질 것이다. 결국 나는 그 기자에게 레스토랑 상품권을 보냈다. 하나님이 우리를 미워하는 자들을 선대하라고 명령하셨기 때문이다. 물론 그렇게 했다고 해서 갑자기 모든 고통이 가시지는 않았지만 언제나 순종이 더 좋은 길이다.

그 이후로도 나는 갖가지 일로 비난을 받았다. 집의 규모를 줄여 많은 기부를 했더니 뜻밖에도 "가난 복음 설교자"라는 낙인이 찍혔다. 최근에는 번영 복음을 전하기로 유명한 사람과 같은 행사에서 설교를 했다가 "번영 복음 설교자"라는 비난을 들어야 했다.

그 외에도 "과도한 개혁주의자", "초은사주의자", "광적인 설교자", "비판적인 설교자" 같은 비난을 들었다. 어떤 이들은 내가 신사도 개혁 운동(New Apostolic Reformation)의 일원이라고 말한다. 또 어떤 이들은 나를 가톨릭교도로 부른다. 나를 보편구제설 신봉자로 부르는 이들이 있는가 하면, 내가 스스로를 메시아로 생각한다는 황당한 주장을 펼치는 이들도 있다. 세상은 정말 요지경이다.

최근 또다시 융단폭격이 쏟아졌을 때 나는 아내에게 그래도 전처럼 흔들리지는 않아서 행복하다고 말했다. 하나님이 이런 일을 통해 나를 강하게 단련시키신다고 생각하니 슬프기는커녕 오히려 기쁨이 넘쳤다. 예전에는 무조건 분노와 복수심부터 치밀었지만, 요즘은 평안과 사랑이 훨씬 더 자연스러운 반응이 되었다.

선한 다양성을 지키는 싸움

앞서 '신학'이 분열의 원인이 될 수 있음을 경고했다. 하지만 우리가 부차적인 문제들에서 신학적으로 일치해야 한다는 강박관념을 버린다 해도, 연합까지는 여전히 수많은 걸림돌이 남아 있다. 원수는 심지어 '좋은 것들'까지 분열을 악화시키는 데 이용한다. 원수는 교묘하게 세상의 온갖 악에 맞서서 일어난 경건한 남녀들까지 악하게 이용한다. 사탄은 악을 향한 그들의 분노가 '같은 문제에 맞서 그들만큼 열정적으로 싸우지 않는' 다른 신자들로 향하게 만들 수 있다.

하나님의 가족은 아름다운 다양성이 숨 쉬는 공동체다. 따라서 당신과 다른 정당을 지지하고 다른 사회적 이슈를 위해 싸우는 신자들이 항상 있기 마련이다. 블랙 라이브즈 매터(Black Lives Matter) 운동, 기후 변화 등 매일같이 새로운 분열의 원인이 되는 이슈들이 나타난다.

이런 운동을 하는 그 누구의 열정에도 찬물을 끼얹고 싶지 않다. 내가 많이 당해 봐서 아는데, 그런 일을 당하면 정말 화가 나고 답답하다. 큰마음을 먹고 과감히 믿음의 발걸음을 떼었더니 다른 신자들이 돕기는커녕 사기를 꺾어 놓는다고 생각해 보라. 하나님이 당신의 마음속에 두신 것들을 위해 계속해서 싸우면서 다음 몇 가지를 늘 기억하기를 바란다. 예전의 나처럼 파괴적인 잘못을 하지 않기를 바란다.

나는 어려운 사람들을 위해 싸우는 방식 탓에 오랫동안 극단주의자라는 꼬리표를 달고 살았다. 내 열정이 세상에 많은 유익을 끼쳤다고 믿지만 내 사역 쪽으로 사람들을 동원하려고 할 때 인내심과 온유함을 발휘하지 못한 탓에 많은 부작용을 낳은 것도 사실이다.

나는 그리스도의 신부에게서 하나 됨을 보시려는 하나님의 마음을 놓치곤 했다. 이는 결코 가벼운 죄가 아니다. 우리는 사회적 행동을 확산하기 위해 애쓰는 동시에 하나 됨을 위해서도 노력해야 한다. 둘 중 하나를 희생시키면 좋은 열매를 맺지 못하며 사람들이 귀를 기울이지 않는다.

때로 교회는 응급실처럼 보인다. 병원으로 급히 실려 오는 사람은 누구나 즉각적인 조치를 원한다. 자신의 팔이 심하게 아프면 다리가 부러진 어린아이, 뇌출혈을 일으킨 노인, 산통에 시달리는 임신부가 잘 눈에 들어오지 않는다. 응급실에서는 인내를 보기가 좀처럼 힘들다. 분노나 눈물, 좌절감만 가득할 뿐이다. 가끔 환자나 가족들 사이에서 누가 더 급한지를 놓고 언쟁이 벌어지기도 한다. 이는 누구의 잘못도 아니다. 온 세상에 심각한 위기가 가득한 탓이다.

내가 정의를 위해 싸우면서 배운 사실은 세상에 어려운 사람이 너무 많다는 것이다. 그래서 다른 신자들이 나를 도우러 빨리 달려오지 않는 것은 나의 일 못지않게 중요한 일을 하느라 바쁘기 때문일 수 있다. 다음 항목들을 보라. 나는 이것들을 '사회적 이슈들'로 부르기를 정말 싫어한다. 지금 우리는 '이슈들'이 아니라 살아 있는 진짜 사람들의 생생한 진짜 고통에 관한 이야기를 하는 것이기 때문이다. 이 글을 쓰는 순간에도 내가 이 사람들에게 너무 신경을 쓰지 못했다는 생각에 죄책감이 밀려왔다. 하지만 동시에 이 사람들을 위해 변함없이 싸우는 사람들이 있음에 하나님께 감사했다.

노예/인신매매에 맞서 싸우는 사람들

현재 500만 명의 아이들이 노예 상태에 있다. 수많은 아이들이 하루에도 수차례 끔찍한 매춘을 강요당하고 있다.

오늘날 전 세계적으로 약 4,000만 명의 노예가 있다.

왜 많은 사람이 노예 해방에 목숨을 걸고 있는지 잘 안다. 생각해 보라. 누구라도 자기 자녀가 이런 끔찍한 상황에 처해 있다면 그 아이를 구하기 위해 무슨 짓이라도 할 것이다.

음식이나 식수가 없어서 고통당하는 이들을 위해 싸우는 사람들

전 세계에서 매일 8억 1,500만 명이 굶주린다. 매년 900만 명이 기아 관련 문제로 죽어 나간다.

금식을 해 본 사람이라면 며칠 동안 굶는 고통을 이해할 것이다. 예수님은 굶주린 자를 외면하는 것이 그분을 외면하는 것이나 다름없다고 말씀하셨다. 따라서 이 사람들이 이 싸움을 최우선으로 삼는 것은 너무도 당연하다. 누구라도 예수님이 굶으시는 것을 보면 모든 일을 내려놓고 그분을 대접하기 위해 애쓰지 않겠는가!

태아의 권리를 위해 싸우는 사람들

오늘 미국에서만 3,000명의 태아들이 죽을 것이다. 그리고 내일 또다시 3,000명이……. 올해만도 전 세계적으로 하나님의 형상을 따라 창조된 5,000만 명의 태아들이 낙태로 죽을 것이란 전망이다.

살인보다 더 나쁜 죄가 있는가? 그러니 이 사람들이 태아를 위한 싸움에 일생을 건 것은 너무도 당연한 일이다.

과부와 고아를 위해 싸우는 사람들

전 세계적으로 1억 5,000만 명의 고아가 있다. 미국에는 부모에게 버려진 40만 명의 아이들이 가정 위탁 제도로 보호받고 있다. 인도에만 4,000만 명의 과부가 말로 다 표현할 수 없는 고통에 신음하고 있다.

성경은 "하나님 아버지 앞에서 정결하고 더러움이 없는 경건은 곧 고아와 과부를 그 환난 중에 돌보 …… 는 그것이니라"라고 분명히 말한다(약 1:27). 그러니 이 일을 삶에서 최우선으로 삼는 사람들이 있는 것이 너무도 당연하다. 미국에 약 40만 개의 교회가 있다. 그렇다면 교회 하나당 돌보아야 할 고아가 한 명 이상이다.

구원받지 못한 이들을 위해 싸우는 사람들

매일 15만 명의 사람들이 죽는다. 그리고 자신의 영원한 운명을 결정하시는 거룩하신 하나님 앞에 선다.

이 문제에 더 이상 부담감을 갖고 싶지 않아서 심지어 자신의 신학을 바꾼 이들도 있다. 하지만 천국과 지옥을 둘 다 믿는 이들도 여전히 있다. 그들은 특히 예수님의 이름조차 들어 본 적이 없는 사람들에게 복음을 전하는 것보다 더 중요한 일은 있을 수 없다고 생각한다.

사랑으로 서로를 격려하자

이 목록은 이제 겨우 시작일 뿐이다. 50만 명에 달하는 미국의 노숙자들, 순교자 가족들, 당신이 이 글을 읽고 있는 순간에도 기독교에 적대적인 국가에서 그리스도를 부인하기를 거부한 탓에 핍박과 고난을 당하는 신자들, 장애인들, 팔다리를 잃은 퇴역 군인들, 저주받은 사람 취급을 당하는 환자들……. 다 열거하자면 끝이 없다.

내가 자신들의 운동을 빠뜨렸다며 기분 나빠 하는 이들이 있을지도 모르겠다. 이 목록은 특별한 순서대로 나열한 것이 아니니 마음 상하지 않기를 바란다. 각자 참여하는 정도의 차이는 있을 수밖에 없지만 우리 모두는 이런 운동들을 중시해야 한다. 바로 이것이 나의 요지다.

지금 이 땅에는 많은 비극이 있다. 그 모든 비극은 우리가 싸워야 할 대상이다. 40초마다 누군가가 깊은 절망에 빠져 자살한다. 지금부터 40초간 이 사실을 생각해 보라.

우리는 다른 신자들의 열정에 찬물을 끼얹지 말아야 한다. 성경은 "서로 돌아보아 사랑과 선행을 격려"하라고 명령한다(히 10:24). 따라서 서로가 더 깊은 연민과 희생으로 나아갈 수 있도록 사랑으로 서로 격려하자. 하지만 동시에 다른 신자들이 어떤 일에 우리만큼 관심을 갖지 않는다고 화를 내거나 좌절하지 않도록 조심하자.

우리는 관심을 기울여야 할 것이 너무도 많은 시대에 살고 있다. 하나님은 각 사람에게 다른 은사를 주시며, 각기 다른 일에 대한 열정을 주신다. 물론 하나님은 그 '모든' 일에 온전히 관심을 기울이고 계시지만 말이다. 나는 굶주리는 아이들에게 당신보다 더 관심을 기울이고, 당신은 인종 화해에 나보다 더 관심을 가지고, 또 다른 이는 기독교에 적대적인 국가에서 핍박받는 그리스도인들을 나보다 더 걱정하는 식으로 우리는 다 다르다.

다르다고 해서 우리가 어느 것 하나라도 중시하지 않는 것은 아니다. 단지 우리가 모든 것에 똑같이 관심을 기울이고 똑같이 참여할 수는 없을 뿐이다. 하나님과 달리 우리의 능력에는 한계가 있다.

관심을 갖고 참여하는 일이 우리와 가장 비슷한 사람들에게만 다가가기가 쉽다. 인생의 경험과 선택, 관심사가 우리와 가장 닮은 사람들하고만 어울리기가 쉽다. 성격이나 의견이 우리와 충돌하는 사람들과는 거리를 두기가 쉽다.

하지만 더없이 다양한 사람들이 같은 기치 아래 연합하는 공동체야말로 진정 아름답고 강력하다. 그런 공동체는 우리가 사회적, 정치적, 문화적, 경제적 차이보다 우리의 왕을 향한 공동의 사랑과 충성을 훨씬 더 중시한다는 점을 온 세상에 보여 준다. 말 그대로 천국을 보여 준다. 누구라도 자신의 교만 때문에 이런 공동체를 이루는 데 걸림돌이 되어서는 안 된다.

같은 부류와만 모이는 것, 진정한 연합이 아니다

우리는 쉬운 삶을 기대하고 그리스도를 따라나선 것이 아니다. 물론 예수님께 충성을 다하다가 공격을 당하면 특히 교회 안에서 공격이 날아오면 그렇게 슬플 수가 없다. 하지만 옛 그리스도인들은 훨씬 더 심한 핍박을 받았다. 계속해서 공격을 받다 보면 "이제 그만 각자 갈 길을 가자!" 외치며 두 손을 들고 싶어진다. 편한 사람들과만 어울리고 싶어진다. 하지만 그것은 연합이 아니다. 혼자서 연합하는 것은 불가능하고, 같은 부류와만 모이는 것은 진정한 연합이 아니다.

나는 예수님이 제자들의 하나 됨을 위해 기도하시고 하나 될 능력을 주시는 성령을 보내 주셨다는 사실에서 위로와 용기를 얻는다. 하나 됨은 싸움을 필요로 한다. 하지만 싸울 만한 가치가 있다. 어떤 반대에 부딪쳐도 예수님의 분명한 명령을 따른다면 결코 후회하지 않는다.

만물의 마지막이 가까이 왔으니 그러므로 너희는 정신을
차리고 근신하여 기도하라 무엇보다도 뜨겁게 서로 사랑할지니
사랑은 허다한 죄를 덮느니라 서로 대접하기를 원망 없이
하고 각각 은사를 받은 대로 하나님의 여러 가지 은혜를
맡은 선한 청지기같이 서로 봉사하라 만일 누가 말하려면
하나님의 말씀을 하는 것같이 하고 누가 봉사하려면 하나님이
공급하시는 힘으로 하는 것같이 하라 이는 범사에 예수
그리스도로 말미암아 하나님이 영광을 받으시게 하려 함이니
그에게 영광과 권능이 세세에 무궁하도록 있느니라 아멘
사랑하는 자들아 너희를 연단하려고 오는 불 시험을 이상한 일
당하는 것같이 이상히 여기지 말고 오히려 너희가 그리스도의

하나 됨은 싸움을 필요로 한다.

하지만 싸울 만한 가치가 있다.

어떤 반대에 부딪쳐도

예수님의 분명한 명령을 따른다면

결코 후회하지 않는다.

고난에 참여하는 것으로 즐거워하라 이는 그의 영광을
나타내실 때에 너희로 즐거워하고 기뻐하게 하려 함이라(벧전
4:7-13).

다음 단계로 떠날 시간이다

중고등부 시절, 우리를 가르치셨던 전도사님은 "움직이
는 사람들과 함께 움직이라"는 말씀을 자주 하셨다. 모든 사
람을 설득해서 따라오게 만들려다가 아무것도 하지 못하는
우를 범하지 말라는 것이다. 관심을 갖지 않는 사람들은 언
제나 있기 마련이다. 설득할 수 있을 때까지 설득한 뒤에는
미련을 버릴 수 있어야 한다. 예수님은 모든 사람을 설득하
려고 하지 않고 많은 설교를 "들을 귀 있는 자는 들으라"라는
말씀으로 마치셨다.

지금 와서 돌아보면 내가 하나 됨을 향해 가는 길에서 자
주 낙심했던 이유가 바로 이것이었다. 나는 언제나 100퍼센
트 참여를 추구했다. 하지만 100퍼센트 참여는 이루어질 수
없다. 모두가 하나 됨을 원하지는 않는다. 그런데도 나는 가
장 오만한 분리주의자들까지 연합으로 가는 길에 동참시킬
방법을 끊임없이 고민했다.

나도 한때는 에큐메니칼주의(ecumenicalism) 색깔이 아주 조금만 보여도 이단 취급을 했던 부류였기 때문에 그 부류가 어떤 식으로 반대할지 잘 알았다. 그들이 연합을 원하는 사람들을 어떤 식으로 공격할지 뻔히 알고 있었다.

"그들은 신학을 소중히 여기지 않고 우리만큼 말씀을 잘 알지 못하는 바보들이다. 그들은 진리를 희생해서 연합을 이루겠다고 하는 무지몽매한 자들이다."

이런 편협에 갇혀 있는 사람들을 떠올릴수록 연합은 점점 불가능한 일처럼 느껴졌다. 그럴수록 더 이상 노력할 의욕도 떨어졌다.

정말 오랫동안 나는 그들에게 뻗은 손을 거두지 않았다. 아마도 일종의 의리 때문이었을 것이다. 그들이 그 뛰어난 지성과 열정을 연합을 위해 사용한다면 그리스도의 몸에 큰 유익일 것이라는 생각도 한몫했을 것이다. 그들이 다른 사람들을 어떻게 조롱했는지 잘 알기 때문에 나도 그런 조롱을 받을까 봐 두렵기도 했다. 이유가 무엇이든 나는 그들을 포기할 수 없었다. '분열에 앞장서는 그들의 정신'과 '연합이라는 하나님의 뜻' 사이에서 하나를 택해야만 한다는 현실을 깨닫기 전까지는.

최근에야 그들에게서 미련을 버릴 수 있었다. 일부 독자들이 어떤 생각을 하고 있을지 잘 안다. "이건 하나 됨에 관한 책 아닌가? 그들도 예수님을 믿는 사람들인데 어떻게 그 집단 전체를 포기할 수 있는가. 어떻게 그들을 사랑한다고 말할 수 있는가."

때로는 무엇이 가능한지 보여 주기 위해 먼저 가야 할 때도 있다. 하나 된다는 것이 실제로 어떤 모습이고 하나님이 하나 된 이들에게 어떤 복들을 주시는지 똑똑히 보여 주면 결국 그들도 마음을 고쳐먹고 우리와 함께 연합할지도 모른다.

내가 좋아하는 성경 이야기 가운데 하나는 요나단과 그의 무기를 드는 한 젊은 병사에 관한 이야기다(삼상 14장). 요나단과 그 젊은 병사는 단둘이서 블레셋 군대 전체를 상대하기로 결심했다. 다른 히브리인들은 모두 겁에 질려 나서지 못하고 많은 사람이 숲속에 숨은 상태였다. 그런데 하나님이 요나단에게 초자연적으로 축복하시자 갑자기 블레셋 군대 전체가 밀리기 시작했다. 이 놀라운 광경을 본 사울은 부하들을 이끌고 전투에 뛰어들었다. 사울과 부하들이 블레셋 군대를 추격하기 시작하자 이번에는 남은 사람들까지도 모두 추격에 동참했다.

모두가 하나 됨을 위한 싸움에 뛰어들 때까지 기다릴 수는 없다. 하나님이 소수의 믿음을 축복하시면 나머지는 알아서 동참할 것이다.

chapter 8

눈앞의 실제 사람들과
'작은 연합'부터 추구하라

† 당장 대규모 연합을 바라는 몽상의 위험 †

하나 됨을 추구하는 사람들이 흔히 저지르는 실수는 당장 큰 규모의 성과를 원한다는 것이다. 물론 대부분의 경우 좋은 의도로 그런 것이다. 그들은 최대한 많은 사람에게 복음을 전하기를 원한다. 그들은 기독교 전체가 부흥하기를 원한다.

하지만 삶이 뒷받침되지 않아 대중에게 전한 메시지가 그 힘을 상실하는 경우가 너무도 많다. 교회 안에 더 큰 연합이 나타나기를 진정으로 바란다면 작은 데서 시작하라고 권하고 싶다. 누군가에게 말을 하기 전에 먼저 자신의 삶부터 정돈하라.

먼저 당신과 하나님, 이렇게 단둘이서 시작하라. 분열을 일으키는 태도와 교만을 회개하며 하나님과 연합하는 시간을 가지라. 아버지 안에 '거하는' 것이 무엇을 의미하는지부터 배우라. 아버지와 떨어져서는 열매를 맺을 수 없기 때문이다(요 15:4-5). 하나님께 주변 사람들을 그분의 눈으로 보게 해 달라고 기도하라.

잘 알려진 한 기독교 리더에게서 들은 이야기다. 한번은 그가 〈카리스마〉(Charisma) 잡지를 뒤적이다가 다른 목사들과 교계 리더십들의 사진을 보았다. 그는 이들에 대한 자신의 무관심을 깨닫고서 하나님께 이들 한 명 한 명을 그분의 눈으로 보게 해 달라고 간구하기 시작했다. 그는 하나님이 그리스도 안에서의 형제자매에게 무관심한 것을 원치 않으신다고 확신했다. 그래서 그들을 향한 하나님의 사랑이 느껴질 때까지 그 잡지를 내려놓지 않기로 마음먹었다. 그들을 향한 미움이 없는 것만으로는 충분하지 않았다. 하나님은 그분처럼 그들을 사랑하라고 명령하셨다. 이 리더가 했던 것처럼 해 보라. 잘못을 고백하고 하나님께 마음을 변화시켜 달라고 간구하라.

가정의 상태를 점검하라. 이혼으로 치닫는 사람이 하나 됨을 위한 운동을 시작할 수는 없다. 배우자와 진정으로 하나 되어 있는가? 아내를 진심으로 사랑하고, 그리스도가 교회를 위해 해 주셨던 것처럼 아내를 위해 목숨을 내놓을 수 있는가? 가정 안에서도 갈등을 사랑으로 다룰 수 없는 사람이 더 큰 교회 안에서 연합을 이루어 낸다는 것은 불가능에 가깝다. "사람이 자기 집을 다스릴 줄 알지 못하면 어찌 하나님의 교회를 돌보리요"(딤전 3:5).

당신이 몸담은 교회를 생각해 보라. 혹시 당신 교회의 식구들을 사랑 없이 대하고 있다면 기독교 전체에 만연한 분열 문제를 논하지 말라. 디트리히 본회퍼는 연합된 공동체라는 '개념'을 사랑하는 것과 실제로 공동체 안에 있는 '사

람들'을 사랑하는 것의 차이점을 지적하면서 둘의 불일치를
경고했다.

> 기독교 공동체에 주입된 모든 인간적인 꿈은 진정한 공동체에
> 걸림돌이 된다. 진정한 공동체가 계속해서 살아남으려면 이
> 꿈을 제거해야 한다. 기독교 공동체 자체보다도 공동체에 대한
> 꿈을 더 사랑하는 사람은 개인적인 의도가 아무리 정직하고
> 진실하고 희생적이라 해도 공동체 자체를 파괴할 수밖에 없다.[5]

하나 된 공동체에 관해 한낱 몽상만 품는 것은 위험하다
는 말이다. 대신 우리는 바로 눈앞에 있는 사람들을 사랑하
고 그들과의 하나 됨을 추구해야 한다. 지금 있는 자리에서
연합을 이루지 못한다면 그 어디서도 의미 있는 연합을 이룰
수 없다.

하나님은 우리를 중립적인 태도로 부르시지 않았다. 하
나님은 우리가 '모든 말'을 '사랑으로' 하기를 원하신다. 모든
대화 속의 모든 문장을 사랑으로 함으로써 더 큰 연합을 이
끌어내야 한다. 당신이 가장 최근에 나눈 대화를 돌아보라.
사랑과 연합을 이루는 표현을 얼마나 많이 사용했는가?

하나님은 우리를
중립적인 태도로 부르시지 않았다.
하나님은 우리가 '모든 말'을
'사랑으로' 하기를 원하신다.

야고보서 3장은 이렇게 경고한다. "시기와 다툼이 있는 곳에는 혼란과 모든 악한 일이 있음이라"(16절). 요즘은 이기적 야심을 말하는 사람이 별로 없다. 그냥 당연한 것으로 받아들인다. 심지어 부러워하기까지 한다.

최근 하나님은 이기적 야심이 내 삶에 얼마나 깊이 들어왔는지를 보여 주셨다. 순수한 동기로 시작했다가 나도 모르는 사이에 이기적 야심으로 흘렀던 경우들을 생각나게 해 주셨다. 선지자들이 "큰 무리를 끌어모으겠어!"라는 야심 찬 목표를 추구한 것이 아니라 그저 하나님이 시키시는 대로 묵묵히 따랐다는 사실을 깨닫게 해 주셨다. 이사야, 예레미야, 에스겔 같은 선지자들을 생각해 보라. 그들은 그저 하나님의 지시만을 따르기 원했을 뿐, 이기적 야심이라고는 일절 없었다.

교회 성장 10개년 계획이 성경적이라고 확신하는가? 흥미롭게도 젊은 목회자들은 하나같이 대규모 부흥집회에서 수많은 무리를 회개와 구원으로 이끌겠다는 비전 혹은 야망을 품고 있다. 그런데 혹시 이런 야망이 이기적인 것은 아닐까? 그리스도나 선지자들처럼 미움과 핍박을 받기를 원하는 사람은 좀처럼 보기 힘들다. 사도들처럼 고난을 당해 죽는 것이 비전이라고 말하는 사람은 찾아보기가 힘들다.

사람들의 회개와 부흥이 중요하지 않다는 말이 아니다. 누구 못지않게 나도 그것을 원한다. 단지 나는 이기적 야심이 아닌 하나님을 따르고 싶을 뿐이다. 지난 세월을 돌아보니 하나님 나라를 넓히기 위한 내 노력에 이기적 야심이 꽤 많이 섞여 있었다. 이것은 옳지 않다. 야고보는 이기적 야심이 '존재'하기만 해도 혼란이 찾아온다고 경고했다. 요즘 기독교계가 대혼란에 빠져 있다는 것을 온 세상 사람이 다 알고 있다. 나는 그것이 리더들의 이기적 야심 탓이라고 생각한다.

내가 속한 복음주의 진영에서는 모든 리더들에게 아무런 책임을 묻지 않고 자신의 성경 해석을 마음대로 표현할 수 있는 자유를 허락한다. 그런데 우리는 이 자유를 분별 없이 사용한다. 우리는 각자 성경을 해석하고 나서 그것으로 복음을 전하는 일보다 시각이 다른 이들을 비판하는 일에 더 열중하고 있다. 매일같이 새로운 블로그와 팟캐스트, 웹사이트가 생겨난다. 그와 함께 새로운 교회들, 새로운 교단들이 우후죽순처럼 생겨난다. 그렇게 수천 개의 교단이 난립해서 저마다 성경적으로 가장 정확하다고 주장하며 서로를 공격한다.

요즘 사람들은 자신의 글을 읽어 줄 사람들과 자신의 말을 들어 줄 사람들을 원한다. 목회자들은 '그리스도의 영광'이라는 제목의 영상을 올리면 조회수가 기껏해야 수백이지만 '프랜시스 챈 목사, 예수를 부인하다'라는 제목을 달아 영상을 올리면 높은 조회수를 올릴 수 있다는 점을 간파했다. 많은 목회자가 하나님의 마음을 헤아리는 것은 고사하고 죽어 가는 세상에 어떻게 비칠지 전혀 고려하지 않고 최대한 추종자를 끌어모으는 데만 혈안이 되어 있다.

앞에서 인용한 구절 직후 야고보는 이렇게 말한다. "너희 중에 싸움이 어디로부터 다툼이 어디로부터 나느냐 너희 지체 중에서 싸우는 정욕으로부터 나는 것이 아니냐"(약 4:1). 하나님 나라를 위한 동기가 이기적 동기와 뒤섞이기 시작하면 노력해 봐야 오히려 엉뚱한 열매가 맺힌다.

난립하는 교단들

예수님은 돌아가시기 전 그분과 아버지가 하나인 것처럼 우리도 하나가 되기를 위해서 간절히 기도하셨다. 그런데 교회가 말 그대로 수천 개로 갈라진 현실을 생각하면 우리 모두가 같은 예수님을 따르고 있다는 사실이 도무지 믿기질 않는다. 분열이 거듭되는 몇몇 큰 이유를 조사해 보면 특히 충격적이다.

예를 들어, 앞서 언급한 유명한 1054년의 분열은 서방의 가톨릭교회와 동방정교회가 한 가지 문제에서 이견을 좁히지 못해 일어난 것이다. 두 교회는 성령이 오직 성부로부터만 나오는지(동방 교회의 입장) 아니면 성부와 성자(서방 교회가 기존 신조에 추가한 부분)로부터 나오는지를 놓고 격렬한 논쟁을 벌였다. 쟁점은 "필리오케"("그리고 성자로부터")라는 라틴어 단어 하나였다. 두 교회는 서로를 파문시켰고, 그로 인한 분열은 거의 천 년 동안 치유되지 않았다. 그 후에도 그리스도의 몸 안에서 수많은 전쟁과 처형과 분열이 계속되었다.

진정한 성령의 역사에서 비롯한 분리가 전혀 없다는 뜻이 아니다. 1517년에 시작된 종교개혁을 통해 우리에게 주어진 수많은 통찰은 참으로 감사하다. 마르틴 루터는 성경을 정확하게 해석하려고 머리를 싸맸고, 복음과 칭의에 관한 당시 가톨릭교회의 폐습에 목숨을 걸고 맞섰다. 교회가 '성경에서 실제로 말하는 것'으로 돌아가도록 싸운 그의 용기와 강한 신념을 나도 갖기 원한다. 하지만 루터가 동료 개혁자 멜랑흐톤에게 한 경고는 아는 사람이 거의 없다. "우리가 죽은 후에는 가혹하고 끔찍한 교단들이 많이 일어날 걸세. 하나님, 우리를 도우소서!"

종교개혁이 이루어진 지 약 300년 뒤, 지금으로부터 약 175년 전, 개신교 교회사 학자 필립 샤프는 당시 세상을 이렇게 묘사했다. "[교단 시스템은] 개신교의 심장을 괴롭혀 온 큰 병이다. …… 주로 신앙심이라는 그럴듯한 이름으로 나타나기 때문에 더 위험하게 …… 여겨야 한다."[6]

샤프가 묘사한 세상은 현재 세상과 놀랄 정도로 비슷하다. 샤프는 종교개혁과 관련해 이 글을 쓴 것이지만 앞서 말했듯이 사실 이 문제는 그보다 훨씬 더 오래되었다. 파벌로 나뉘어 서로 공격하는 인간 성향은 수천 년 동안 우리의 발목을 잡아 왔다. 바울은 이렇게 경고한다. "만일 서로 물고 먹으면 피차 멸망할까 조심하라"(갈 5:15). 하지만 우리는 한 번도 이 경고를 진지하게 받아들인 적이 없는 듯하다.

종종 우리의 분리는 성경을 해석하는 옳은 방식에 관한 이견에서 비롯된다. 루터의 종교개혁이 분명 그러한 경우였다.

하지만 샤프는 오늘날에도 여전히 반복되는 현실을 지적한다. 그것은 많은 경우 큰 분열은 같은 신조를 채택하되 방법론에서 의견이 다른 사람들 사이에서 일어난다는 것이다. 샤프에 따르면 당시의 의견 충돌은 "교리에 관한 것보다 주로 교회의 구조와 형태에 관한 것이다. 학파와 조직 체계 대신 교회에는 교파와 교단이 있다. 교단들은 동일한 신앙고백의 강령을 채택하면서도 극심하게 대립하고 있다."

이 상황은 지금도 계속되고 있다. 거의 똑같은 교리를 가진 교회들과 집단들이 서로 다른 교회나 집단에서 이루어지는 하나님의 역사는 절대 인정하지 않는다.

샤프는 1845년의 시각에서 이 흐름이 우리를 위험한 상황으로 이끌 것이라고 내다보았다. "분리 과정이 어떤 결말로 이어질지, 그 어떤 인간의 계산으로도 예측할 수 없다. …… 내적 경험과 능한 언변을 가진 사람은 누구나 …… 자신이 개혁자로 부름받았다고 생각할 수 있다. …… [그는] 영적 허영과 교만으로 교회의 역사적 삶에 큰 분열을 일으킨다. 그는 자신이 교회보다 말할 수 없이 우월하다고 생각한다. 그래서 그는 사도 시대 이후 처음으로 순수한 교회를 형성하겠다며 하룻밤 사이에 새로운 교회당을 짓는다. 그리고 자신의 이름으로 추종자들에게 세례를 준다."

실로 센 표현이다. 하지만 그의 말이 틀렸는가? 이런 일이 크고 작은 규모로 계속 반복되어 오지 않았는가. 그의 말이 좀 거칠긴 하지만 나는 백번 맞는 말이라고 생각한다. "그래서 현혹된 무리는 …… 그리스도와 그분의 진리로 회심하는 것이 아니라 한 개인의 임의적인 망상과 근거 없는 의견으로 회심한다. …… 그렇게 세워진 것은 교회(Church)가 아니라 그저 교회당(chapel)이다. 그것을 세우는 데 사탄이 가장 많은 기여를 했다."

나는 우리가 진정한 성령의 역사로 분리가 일어날 여지를 남겨 두되, 샤프의 강한 경고를 귀담아들어야 한다고 생각한다. 과연 하나님이 우리의 끊임없는 파문과 '작별'을 기뻐하실까?

떨어져 나온 교단도 교단이지만, 개인들도 얼마나 자주 분열하는가! 게다가 분열의 속도는 나날이 빨라만 지고 있다. 이 분열은 도대체 언제 끝날까?

나는 교회로서 우리가 정신을 차려서 이 모든 분열과 다툼이 하나님의 뜻에 반한다는 사실을 깨닫기 바라는 마음에서 이 책을 썼다. 나는 하나님의 백성들이 성경에서 계속해서 강조하는 사랑과 연합을 회복하기를 간절히 바라고 기도해 왔다. 나는 우리가 성령의 능력으로 예수님의 사랑 안에서 연합할 수 있다고 믿는 신자들의 군대를 일으켜 달라고 기도해 왔다.

내가 사람들에게 요청한다고 해서 이 일이 이루어지지는 않을 줄 안다. 우리 모두가 서로 어울리기 위해 더 열심히 노력한다고 해서 이 연합이 이루어지지는 않을 줄 안다. 오직 성령만이 초자연적인 역사로 우리를 하나 되게 하실 수 있다. 나는 하나님이 이렇게 해 주길 원하신다고 믿는다. 하나님이 그분의 교회 안에서 이 연합을 이루기를 원하신다고 믿는다. 그래서 이 연합이 이루어질 것이라 믿어 의심치 않는다. 우리는 본궤도에서 꽤 멀리 벗어나 있다. 하지만 하나님은 고집 센 이 양 떼를 끊임없이 부르신다.

사랑의 혁명, 하나 됨의 혁명

'강력한 기독교 리더십' 하면 먼저 어떤 이미지가 떠오르는가? 스타디움 같은 곳에서 수많은 사람을 모아 놓고 대규모 행동을 촉구하는 사람? 수백만 명의 구독자를 거느린 인터넷 인플루언서?

하지만 사도 바울을 생각해 보라. 그는 자기 세대를 넘어 지난 2천 년 동안 무수히 많은 사람들에게 영향을 미친 인물이다. 사람들은 지금도 그의 글을 읽고 그가 보여 준 귀감이 되는 삶에 감동한다.

도리어 너희 가운데서 유순한 자가 되어 유모가 자기 자녀를

기름과 같이 하였으니 우리가 이같이 너희를 사모하여 하나님의

내가 사람들에게 요청한다고 해서
이 일이 이루어지지는 않을 줄 안다.
우리 모두가 서로 어울리기 위해
더 열심히 노력한다고 해서
이 연합이 이루어지지는 않을 줄 안다.
오직 성령만이 초자연적인 역사로
우리를 하나 되게 하실 수 있다.

복음뿐 아니라 우리의 목숨까지도 너희에게 주기를 기뻐함은

너희가 우리의 사랑하는 자 됨이라(살전 2:7-8).

바울은 매일 사람들로 꽉 찬 콜로세움에 서서 메시지를 전하지 않았다. 일상 속에서 사람들을 돌보는 일에 더 열심이었다. 이곳저곳을 다니면서 사람들을 깊이 사랑하고 그들과 삶을 나누었다. 아마 이 책을 쓴 나나 읽고 있는 당신이나 바울만큼 오래가는 영향력을 발휘하기는 힘들 것이다. 하지만 과연 그럴까? 우리가 그의 본을 따른다면 어쩌면 그를 추월할 수 있을지도 모른다.

대개 대중의 마음을 진정으로 사로잡는 사람들은 대중을 의식하지 않는 사람들이다. 그들은 그저 하나님이 자기 앞에 두신 사람들을 사랑하는 일에만 몰두할 뿐이다. 그들이 사랑으로 세상에 보기 드문 희생을 실천할 때 대중이 그것을 주목하고 오래도록 기억한다. 오늘 우리가 듣는 목소리의 대부분은 죽음과 함께 잠잠해질 것이다. 거기에 두고두고 기억할 만한 사랑의 행위가 따르지 않았기 때문이다.

자녀들아 우리가 말과 혀로만 사랑하지 말고 행함과

진실함으로 하자(요일 3:18).

존은 아내를 먼저 떠나보내고 홀로 남은 노인이다. 게다가 당뇨로 시력을 잃고 양쪽 신장이 완전히 망가졌다. 아내가 죽은 뒤로 당뇨에 시달리는 그를 돌봐 줄 사람은 아무도 없었다. 감사하게도 교회는 그의 사정을 교인들에게 알리고 도움을 요청했다. 케이스라는 교인이 그 소식을 듣고서 자기 일정에서 몇 시간이나 손해를 보면서까지 존의 운전사 노릇을 자청했다. 그는 직장에 다니고 집에는 두 자녀가 있었지만, 잘 알지도 못하는 이 그리스도 안에서의 형제를 섬기고 싶은 마음이 들었다.

둘이 함께 병원에 갔을 때 케이스는 어디로 가야 할지 몰라 헤맸고 앞이 보이지 않는 존은 별 도움이 되지 않았다. 그런데 그것이 오히려 서로 친해지는 계기가 되었다. 두 사람은 깔깔거리고 많은 이야기를 나누며 서로를 알아 갔다. 존의 사연과 몸 상태에 관해 들은 케이스는 그를 향한 주체 못할 사랑을 느꼈다. 결국 케이스는 몇 주 뒤 자신의 신장 하나를 존에게 기증했다.

홍콩에서 살 당시 나는 재키라는 좋은 분을 알게 되었다. 내가 생각할 때 그녀는 영웅이다. 재키는 스물둘의 꽃다운 나이에 영국을 떠나 홍콩으로 가는 배에 몸을 실었다. 1966년에 겨우 10달러를 손에 쥐고 홍콩에 도착한 뒤로 지금까지 그곳에서 살고 있다. 그녀는 홍콩의 가장 위험한 구역에서 마약 중독자들을 돕는 사역을 시작했는데, 온갖 협박과 핍박 속에서도 그 사역을 멈추지 않았다. 지금은 76세의 고령인데도 스케줄이 따라가기 힘들 정도로 꽉 차 있다. 내가 진심으로 존경하고 사랑하는 분이다!

우리는 신학적으로, 또 실제로 사역하는 방법에서 서로 다른 점이 있지만 그런 것은 내게 별로 중요하지 않다. 그녀는 내가 본받고 싶은 모델이다. 그리스도를 향한 헌신과 사람들을 향한 사랑은 그녀가 하나님의 은혜를 듬뿍 받고 살아가는 사람이라는 분명한 증거다. 그녀를 아는 사람들은 그녀가 작은 칭찬만 받아도 손사래를 친다는 것을 안다. 그녀는 자신에게 섬길 은혜를 주신 분께 모든 영광이 돌아가기를 원한다.

말로만 떠들어서는 하나 됨을 이루기 힘들다. 초대 교회는 사도행(行)전을 만들어 냈지만 현대 교회는 사도언(言)전을 만들어 냈다. 초대 교회 리더들은 복음을 삶으로 실천하다가 목숨까지 바쳤지만 우리는 말로만 복음을 외치고 있다. 우리가 실질적인 열매를 맺을수록 연합은 더 쉬워질 것이다. 우리의 행동과 삶이 예수님과 초대 교회를 닮아가기 시작할 때 서로를 보며 연합하고 싶어질 것이다. 서로의 손을 잡고 세상을 섬기는 것을 기쁨이요 영광으로 여기게 될 것이다. 상대방이 나와 교단이나 신학적 배경이 같아서가 아니라 예수님께 영광을 돌린다는 사실로 인해 함께 찬양할 수 있으리라!

한 번도 맛보지 못한

충만한 삶이

기다린다

이는 우리가 다 반드시 그리스도의 심판대 앞에 나타나게 되어 각각 선악간에 그 몸으로 행한 것을 따라 받으려 함이라(고후 5:10).

나이를 먹을수록 다른 사람들이 내게 어떤 말을 했는지보다 예수님이 내게 어떤 말씀을 하실지를 더 생각하게 된다.

이 문장을 쓰기 전에 한 시간 동안 하나님을 직접 뵙는 순간을 상상해 보았다. 이 활동은 내 삶의 건강한 습관으로 자리 잡았다. 앞으로 더 자주 해 보려 한다. 하나님 앞에 엎드린 순간을 상상하면서 내가 이 땅에 저질렀고 앞으로도 저지르게 될 후회스러운 일들을 생각했다. 수많은 잘못이 기억났다. 마지막 그 날 훨씬 더 많은 잘못이 드러나리라. 내 교만과 이기심이 사람들과 그리스도의 교회 전체에 얼마나 많은 상처를 주었는지 그 날 적나라하게 드러날 것이다.

나는 오직 그 날을 생각하며 이 책을 쓰려고 노력했다. 그 날 나는 남들이 나를 어떻게 생각할지는 눈곱만큼도 고민하지 않을 것이다. 오직 나의 창조주 앞에 서서 내 인생에 대해 답할 것이다. 잘못으로 가득한 나의 지난 53년 인생을 돌아보니 내가 행한 수많은 일이 교회에 상처를 주었다. 또한 내가 해야 할 일을 하지 않아 교회에 상처를 주기도 했다. 하지만 나는 지난 잘못에 대한 후회와 한탄에만 머물 생각이 없다. 앞으로 더 이상 후회할 일을 만들지 않는 데 더 집중하고 싶다.

잠시 그 마지막 날에 당신에게 무엇이 중요할지 생각해 보라. 지금 눈에 보이는 모든 것에서 눈을 떼는 시간은 더없이 유익하다(고후 4:18). 마지막 날 거룩하신 하나님 앞에 서

있거나 엎드려 있는 상상을 해 보라. 나는 그런 상상을 하면 인생에서 가장 힘든 결정들을 내릴 용기가 생긴다.

당신을 그리스도 안에서의 형제자매에게서 멀어지게 만드는 사람들과 잠시 거리를 두라. 당신이 그릇된 동기로 멀리했던 사람들에게 다가가라. 성령이 이에 필요한 용기와 겸손을 주실 줄 믿는다. 세상에 분열이 가득하다고 포기하지 말라. 오늘 당신은 누구에게 다가가 대화를 시도해야 할까? 그 마지막 날, 하나님의 진정한 자녀들을 멀리했던 자신의 모습을 보며 후회하고 싶지 않지 않은가? 하나님이 명령하신 연합을 열심히 추구해 온 모습을 그분께 보여 드리고 싶지 않은가?

예배, 성령으로 묶이는 시간

하나님의 은혜로, 나는 '내가 살아 있는 동안 그리스도의 몸이 연합할 수 있다'는 어린아이 같은 믿음을 지키고 있다. 정신 없는 소리라고 할지 모르겠지만, 세상이 점점 더 분열되어 가는 지금이야말로 하나님이 그분의 나라를 연합시키기 원하시는 때라고 믿는다. 나는 우리가 하나로 뭉치기 시작하면 얼마나 행복할지 늘 상상한다. 연합이야말로 우리가 진정으로 원하는 것이다. 우리는 하나 됨을 위해 창조되었고, 하나 되도록 구원받았으며, 한 몸으로서 하나님을 예배하며 영원을 보내게 될 것이다.

내가 깊은 예배가 연합을 낳을 줄 믿는다고 말하면 그건 미성숙한 생각이라 여기는 이들도 있을 것이다. 하지만 오히려 정반대다. 나는 내가 어린아이처럼 믿기 때문에 비로소 성숙해졌다고 생각한다. 성령은 연합을 낳는 깊은 예배로 우리를 이끌어 주신다. 그래서 성령 충만한 신자라면 예배에 방해가 되는 그 어떤 것도 허용하지 않는다.

> 술 취하지 말라 이는 방탕한 것이니 오직 성령으로 충만함을 받으라 시와 찬송과 신령한 노래들로 서로 화답하며 너희의 마음으로 주께 노래하며 찬송하며 범사에 우리 주 예수 그리스도의 이름으로 항상 아버지 하나님께 감사하며 그리스도를 경외함으로 피차 복종하라(엡 5:18-21).

성령 충만한 사람들은 다툼에 빠져서 "시와 찬송과 신령한 노래들로 서로 화답"하는 것을 멈추는 일이 좀처럼 없다. 성숙한 사람들은 쉬이 찬양을 멈추지 않는다.

성령 충만한 사람들은 끊임없이 "주께 노래하며 찬송"한

우리는 하나 됨을 위해 창조되었고,

하나 되도록 구원받았으며,

한 몸으로서 하나님을 예배하며

영원을 보내게 될 것이다.

다. 이는 "마음으로" 드리는 예배다. 그들은 다른 사람 손에 억지로 끌려와서 예배하지 않고 마음에서 우러나와서 예배한다. 성령이 그들의 마음을 주장하여 노래와 찬송이 저절로 나오게 만드신다.

성령 충만한 사람들은 "범사에", "항상", "감사"한다. 경건한 제자들의 삶에는 감사가 그칠 날이 없다. 성령으로 사는 사람들은 시련과 고통 중에서도 감사할 줄 안다.

성령 충만한 사람들은 "그리스도를 경외"한다. 그리고 하나님에 대한 경외는 "피차 복종"으로 이어진다. 더 이상 자신만 생각하지 않는다. 성령은 우리가 다른 사람들이 얼마나 중요하고 가치 있는지 생각하도록 만드신다.

성령 충만하다는 것의 성경적 기준이 이렇다면 당신은 성령 충만한 사람인가?

성령 충만이란 정말로 이렇게 단순한가? 정말로 이렇게 성령 충만하면 교회에서 일어나는 모든 다툼이 해결될 수 있을까? 그렇다! 성령 충만한 교회는 분열하지 않는다. '시와 찬송으로 서로 화답하고 마음으로 하나님께 노래하며 범사에 하나님께 감사하고 그리스도를 경외함으로써 피차 복종하기'를 멈출 때만이 서로에게 등을 돌릴 수 있다. 틀린 말이라고 생각한다면 한번 곰곰이 생각해 보라. 성령 충만의 이런 특징 가운데 하나라도 꾸준히 실천하는 사람을 몇 명이나 알고 있는가?

지금 나는 두 여성이 떠오른다. 조니와 수잔이다. 두 사람은 내가 아는 가장 성령 충만한 사람들이다. 그들만큼 하나님께 찬양하고 감사하기를 멈추지 않는 사람은 별로 본 적이 없다. 내가 알기로 두 사람은 서로 만난 적이 없지만 두 사람이 예수님의 면전에서 만나 달콤한 교제를 나누는 모습을 상상해 본다. 두 사람은 서로 돌아가며 예수님을 자랑하기만 할 뿐 서로 분열할 거리는 일절 만들지 않을 것이다. 둘 다 예수님의 발치에 앉기를 너무 좋아하기 때문이다. 그래서 괜히 얼굴을 붉히고 그 자리를 떠나야 할 상황을 절대 만들지 않을 것이다.

찬양으로 이 책을 시작했으니 찬양으로 마무리하자.

주님, 저를 존재하게 하신 당신을 찬양합니다. 제가 살아
있음이 너무 좋고, 무엇보다 저를 삼위일체 하나님의 형상을
따라 창조해 주셔서 참으로 영광스럽습니다. 제가 지금
아버지 하나님과 하나 될 수 있는 것은 성자 예수님의 십자가
죽음 덕분입니다. 예수님의 피가 저를 깨끗하게 씻었습니다.
죽임당하신 어린양은 영광과 찬송을 받기에 합당하십니다!

주님은 저를 입양해 주셨습니다. 주님의 자녀가 되게 해
주시다니 얼마나 감사한지요! 주님이 저를 원하신다는 사실이
너무도 감격스럽습니다. 다른 무엇보다도 주님과 하나 되기를
원합니다.

제 모든 교만과 이기적인 야심과 자기중심적인 마음을
깨끗하게 씻어 주옵소서. 주님은 제가 그리스도 안에서의
모든 형제자매와 온전히 하나가 되기를 원하십니다. 저도
그것을 원합니다. 주님, 저를 비롯한 주님의 모든 자녀 안에서
이것을 원하는 마음이 더 강하게 일어나게 해 주옵소서.

분열을 일으켰던 모든 행동을 회개합니다. 또한 해야 할 일을
하지 않아 이 분열이 계속되도록 방치했던 것도 회개합니다.
주님의 자녀들을 향한 제 사랑을 더욱 키워 주옵소서.

전능하신 하나님, 주님의 영광을 위해 주님의 영광으로 우리를
연합시켜 주옵소서. 예수님은 자신과 아버지가 하나이신
것처럼 예수님을 따르는 우리도 온전히 하나가 되게 해 달라고
기도하셨습니다. 그 기도가 응답되기를 간절히 소망합니다.
주님의 임재 안에서 온전한 연합이 이루어질 날을 제 영혼이
간절히 갈망합니다.

성부와 성자와 성령을 찬양합니다. 아멘.

머시는 편집자이지만 편집 그 이상으로 많은 도움을 주었다. 그는 누구보다도 훌륭한 사람이다. 지혜로울 뿐만 아니라 예수님을 향한 깊고도 순수한 사랑을 겸비했다. 덕분에 이 글을 쓰는 내내 참 즐거웠다. 그가 아닌 다른 사람과 함께 글을 쓴다는 것은 상상도 할 수 없다. 그와 함께 생각하고 기도한 시간, 아니 그와 함께한 시간 자체가 참으로 귀했다. 한마디로, 그는 최고다.

바쁜 시기임에도 불구하고 이번 책에도 변함없이 도움을

준 마크 뷰빙에게 고마움을 전한다.

2020년을 내 인생 최고의 해로 만들어 준 홍콩에 있는 우리 교회 식구들인 렘, 다이애나, 앨리슨, 크리스티, 데이비드, 릴리안, 줄리, 앨런, 젠, 유진, 텔리, 프랜시스, 이리스, 더글러스, 켈리, 카 위엔, 와이 와이, 아 윙, 베리, YY, 조쉬, 그라지아, 세일러, 서클, 브라이언, 제임스, 카 윈, 헬렌, 호크, 로레인, 카일, 지미, 힐다, 실라스, 온, 치킨, 준, 재키, 마이크, 카밀라, 아만다, 엠마, 조조, 앤디, 앤드류, 에릭, 에스더, 아 순, 이든, 랩 원에게 감사한다.

늘 기도와 지원을 아끼지 않는 내 홍콩 친구들인 재키 P., 아그네스, 제이슨, 줄리아나, 브라이언, 안젤라, 초우 페이, 카보, 리처드, 린다, 휴고, 위에, TH, 파울라, KO, YK, 세레나, 신시아, 시드니, 피터, 수산나, 제임스, 케네디, 피터, 유진, 매트, 로버트, 핑키, 벤, 발콤 가족, 매트와 레베카 부부에게 감사한다.

주

1. A. W. Tozer in John Snyder, *Behold Your God: Rethinking God Biblically* (New Albany, MS: Media Gratiae, 2013), 15.

2. "Most American Christians Do Not Believe that Satan or the Holy Spirit Exist," Barna, 2009년 4월 13일, www.barna.com/research/most-american-christians-do-not-believe-thatsatan-or-the-holy-spirit-exist/.

3. John Snyder, *Behold Your God: Rethinking God Biblically* (New Albany, MS: Media Gratiae, 2013), 125.

4. JAY-Z, vocalist, "Streets Is Watching" by Labi Siffre, Ski Beatz, and JAY-Z, track 5 on *In My Lifetime, Vol. 1*, , Def Jam Recordings and Roc-a-Fella Records, 1997.

5. Dietrich Bonhoeffer, *Life Together*, John W. Doberstien 번역 (London: SCM Press, 1954), Kindle loc. 164 or 1473.

6. Philip Schaff, *The Principle of Protestantism as Related to the Present State of the Church*, John W. Nevin 번역 (Chambersburg: German Reformed Church, 1845). 107-116쪽에서 가져온 문장들이다.